日本“核”去“核”从

金赢 著

外文出版社
FOREIGN LANGUAGES PRESS

目录

前言

40 多年前的那轮太阳已不再光鲜

浩瀚无垠的大海，亮丽而宁静的东方地平线。忽然，一轮鲜红的太阳从海面上冉冉升起，旭日红光从湛蓝波涛中喷薄而出，映衬出海岸边一组方方正正蓝白色建筑的线条和轮廓。镜头摇转，男女老幼沐浴在和煦的阳光下，脸上洋溢着喜悦和生机。大海、太阳，活力、希望，赏心悦目，令人神往。

这是上世纪 70 年代日本一部纪录片的开场，所展现的正是当时东京电力公司福岛第一核电站的场景。1971 年 3 月，日本从美国引进的轻水反应堆在福岛落成运行。这种核反应堆在当时被认为是世界上最新、最经济、最安全的核电设备。日本人用胶片纪录了这个瞬间，借助富有冲击力的画面语言，展示出新太阳、新核电、新日本、新希望的无限美好，而且，在精致又似乎并非刻意雕琢之间，幽然透露出一种对于“核”难以言表的期盼。

历史总有一些出人意料甚至完全超出人类想象的片段。整整 40 年后，2011 年 3 月 11 日，日本东北海域发生 9.0 级强烈地震，超过 20 米的海啸汹涌而来，东电福岛第一核电站四个机组先后爆炸并发生了严重的核泄漏，1 号、2 号、3 号机组堆芯熔化，4 号机组随时可能在余震中坍塌并导致内存的大量核燃料剧烈爆炸。曾自许为世界“最安全”的核电站顷刻濒临毁灭，日本在广岛、长崎被原子弹轰炸后又一次遭遇“核灾”。当年美国扔下原子弹后曾在日本长期实行新闻封锁，痛苦感受和恐怖场景历经多年才逐步为人所知，而“311”则在网络时代被同步直播，核泄漏的“大数据”时时显示，国民陷入巨大恐慌，政府面临的压力也达到了极限，几乎无法运转。时任日本首相菅直人后来说：“当时日本甚至有长期丧失国家机构职能的可能性。”[1] 并且坦承“在福岛第一核电站事故发生后，日本政府曾设想在最坏的情况下动员包括东京都在内的5千万人进行避难”。[2] 试想，这是一幅多么可怕的场景，1.3亿人口的日本，如果5千万人被迫“核避难”，那就意味着每两三个人就要有一个加入到躲避核辐射而流离失所的行列中，可在一个几乎没有地理纵深的国家，人们又能逃到哪里去“避难”呢？

“311”已过去四年，日本仍在福岛核灾的深渊中难以自拔。人们现在常把福岛与切尔诺贝利等量齐观。但残酷的现实是，福岛有过之而无不及。切尔诺贝利尚有“石棺”可盖，而人们对福岛核灾却束手无策，为避免温度升高发生核爆，只能不停注水以冷却已熔化的堆芯，因此产生的核污水至今还在源源不断泄入太平洋，核灾现场方圆几十公里因核污染仍被列为禁区，数以万计的灾民还是无家可归，当地及邻近地区罹患与

1　据菅直人2013年6月4日在美国西部城市圣迭戈参加美环境保护团体核能问题讨论会时的发言。见日本《东京新闻》2013年6月5日相关报道。

2　同注1。

核辐射相关癌症的少年儿童持续增多，灾区一些动植物出现基因变异。目前所有措施都属治标不治本，要彻底阻断核污染源，必须对熔毁的核电机组“封堆废炉”，那需十几年、几十年甚至更长的时间……

在这场人类同大自然与核物理的极限战争中，日本核电“零事故”的神话破灭，建立在这个神话之上的政治、经济、社会体制，以及舆论机制、话语体系都受到极大冲击，日本人的心理结构和行为方式也为之巨变。其深刻程度，使“311”已不仅是一场重大自然灾害，而成了一道历史分水岭，日本从此进入“后 311 时代”。

在这样一个时代，40 多年前照耀福岛的那轮太阳已经不再光鲜，灾难中堆芯熔化的那些核反应堆如脱缰野马，还在继续拖曳着日本走在“水深火热”[1]的泥沼中。2014 年 5 月和 12 月，美国有线电视网（CNN）两度派记者深入福岛进行采访。第一次采访时，CNN 记者进到了核灾现场，他看到的是什么呢？[2]

（第一核电站）熔毁三年之后，福岛依然是一片废弃之地。目前被允许进入核事故现场“红区”的，只有那些戴着面具、穿着防护服的抢险工人。当我们擦肩而过时，这些身着沉重“工

1　见本书第二章的分析。

2　Will Ripley, *Inside Fukushima Daiichi: Visiting One of the Most Dangerous Places on Earth.*（节译自 CNN 记者威尔·里普利《深入福岛第一核电站：走访地球上最危险的地方》，2014 年 5 月 21 日，从 www.cnn.com 中可见报道视频。）

作服”的工人正在挥汗如雨，把大地上被核辐射污染了的泥土装进黑色回收袋中。

福岛是个令人恐惧的地方。它的最可怕之处，在于你不知道危险究竟在哪里。放射性核污水仍在不停泄漏，土地也被污染了，工人们必须在极其危险的工作条件下一点一点地试着把熔毁的核电站拆解，而这个过程，预计将需要几十年。

核污染造成的一个很大争议，是其确切范围和程度。福岛大学的研究团队最近发表了一个研究报告，称熔毁的核反应堆还在释放铯–137，先是漂浮在大气中然后溶入水中，而东京电力公司公布的泄漏数值严重缩小了实际情况。人类如受到铯–137辐射，罹患癌症的风险将大为增加。东电公司承认，确定铯泄漏的准确数量是不可能的，但坚持说他们是基于最完备信息收集系统对泄漏量作出的评估。鱼类是否受到核污染，也是人们极为担心的问题，海产品是日本人餐桌上的主要食物。

尽管远在加拿大海岸，也已从海水中检测出了放射性物质。但日本的研究人员告诉我，他们认为核泄漏不会扩散到北太平洋以外的地方，目前加拿大等地检测出的放射量尚不致对人类造成损害。

福岛第一核电站内部的情况更是极端危险。我必须从头到脚严严实实裹着很多层防化服以免受到核辐射，厂区里面的辐射量至今仍高达广岛原子弹的几千倍，工人们正在从4号机组向外移除核燃料棒，即使在这个并未受到地震海啸损坏的核电机组内，开展这项工作也必须小心翼翼，令人心力交瘁。堆芯熔毁的1、2、3三个机组的拆解工作则要困难得多。如想将其重新变成安全之地，需要几十年的时间和几十亿美元的资金。

很快，身上的防护服就让我酷热难当，汗水在后背不停地流淌，防化面具上的视镜也被汗气蒸腾得模糊一片。真是难以想象，工人们日复一日穿着这么笨重的“工作服”，却要试图制服还在暗中燃烧的核灾难。

安倍重新执政以来，对福岛核灾现场采取了诸多“淡化”措施，仅在有所进展时才允许媒体进入采访。上面是国际媒体关于福岛核灾现场为数不多的第一手报道，当时日本政府是要让国内外媒体报道 4 号机组移除核燃料棒这一“亮色”之举，但 CNN 以其自己的视角帮助人们看到了核灾现状，记者目击的场景折射出日本“后 311 时代”的诸多纠结和矛盾。对此，本书将剥茧抽丝，钩玄辑要去梳理分析。

2014 年 12 月，CNN 再次对福岛灾区走访报道，这又是一次为“福岛重建”组织的“集体行”，因为怕遭受核辐射，此番人们只是坐在大巴车中在灾区穿行并短暂下车拍摄几个画面，CNN 记者与随行日本向导有这样一段对话[1]——

CNN 记者：由于恐惧熔毁的核电机组释放出肉眼无法看到的放射物，人类已经不能在此生存，土地和地下水都被核泄漏

1 见 2014 年 12 月 2 日在 CNN 主播卡尔·阿居兹（Carl Azuz）主持的新闻节目中记者威尔·里普利（Will Ripley）发自福岛的现场报道。从 www.cnn.com 中可见报道视频。

污染了，农业也全完了，商铺也都关门了。

日本导游：绝对如此。

CNN 记者：那么，这里还剩下了什么呢？

日本导游：一无所有。

CNN 记者把他眼中的福岛称为“核鬼城”[1]，是“地球上最危险之地”[2]。画面中荒芜的田野、破败的废墟、被海啸卷上大陆的舰船残骸、人去楼空的家里钢琴上蒙着厚厚的尘土、灾难发生时正举行毕业典礼的条幅还挂在学校的礼堂中、街道两边空无一人的商家只剩下摇摇欲坠的招牌旗幡，一切都令人感到落寞悲伤。镜头拉开，满目疮痍在刺眼的余晖中，更像是某种绝望的暗喻，真可谓“今日福岛少人行，旌旗无光日色薄”[3]。

如果让镜头重新回到 1971 年第一核电站落成时的福岛，谁会想到当年那轮朝日照耀之地会是今天这般气象。后人哀之而不鉴之，亦使后人复哀后人也。“后 311 时代”对于日本究竟意味着什么，关乎日本的未来。因为涉“核”，这个话题同样关乎人类。所以，我们的目光无法走开。

金　嬴

2015 年 3 月

1　nuclear ghost town。出处见 Will Ripley, *Inside Fukushima Daiichi: Visiting One of the Most Dangerous Places on Earth.*

2　one of the most dangerous places on earth。出处同上。

3　由白居易《长恨歌》中词句改造而来，原句为“峨眉山下少人行，旌旗无光日色薄”。

第一章

日本进入『后311时代』

2011 年 3 月 11 日下午，东京时间 14 时 46 分，日本东北部海域发生里氏 9.0 级强烈地震，震中位于北纬 38.1 度、东经 142.6 度，属海下 10 公里的浅源地震，东京震感强烈。此次地震是人类有地震记录以来世界第三强，排在 1960 年智利 9.5 级强震和 1964 年阿拉斯加 9.2 级强震之后，但损失却最严重。大地震又引发了大海啸，日本气象厅当时发布的海啸警报为 6 米，随后修正为 10 米，但后续观测表明，海啸最高达 24 米，影响到日本东北太平洋沿岸大部分地区，导致重大伤亡。根据日本统计，截至 2014 年 3 月 10 日共有 15884 人遇难，2633 人下落不明。更为致命的是，强震及海啸引发东京电力公司[1]福岛第一核电站多个机组爆炸，造成了严重的核辐射与核泄漏，此后为冷却核电机组熔化的堆芯，不断形成大量核污水并流入大海，导致了 21 世纪最严重的核污染，日本至今对此一筹莫展。

1　以下简称东电。

一·“311”改变日本

2011 年 3 月 11 日的地震，后来被日本内阁会议叫做“东日本大地震”，但通常人们还是称之为“311 大地震”或简称“311”。那个瞬间，日本仿佛跌进人间地狱，地震、海啸、核事故构成了前所未见的“大型复合灾难”，东电福岛第一核电站四个反应堆同时丧失电源并相继发生爆炸，1 号、2 号、3 号反应堆接连出现堆芯熔化，日本将核事故等级由最初的 4 级提高至最严重的 7 级[1]，“整个东日本濒临毁灭的边缘”[2]，其后果及影响是如此严重和深远，以至祖祖辈辈对地震习以为常的日本人都惊呼“灾后时代”到来了[3]。今天的日本，已在“311”的阴影中走过四年，但时间的推移并没有抚平巨大的创伤，核灾难的各种后续效应还在不断升级，日本仍未摆脱“二战后的最大危机”[4]。

“311”之前，日本在踯躅漂流中经历了“失去的二十年”。面对停滞和徘徊，“平成维新”、“第三次开国”等口号在日本政坛和社会上不断响起，日本人深感国家必须转变发展路线。就在千呼万唤但变革迟未出现的迷惘中，却又祸从天降。几年

---

1 虽然与切尔诺贝利核事故同级，但据测算，福岛核事故的核物质放出总量超过 100 万兆贝克勒尔，远远高于后者。

2 语出已故的福岛第一核电站原站长吉田昌郎对日本政府“事故调查·检证委员会”所作的证言。

3 见御厨贵:《日本由战后进入灾后时代》，转引自新华网 2011 年 5 月 12 日相关报道。

4 见日本时任首相菅直人 2011 年 3 月 13 日在“第六回原子能灾害对策本部会议”上的发言。

下来，几度挣扎，越来越多的事实表明，“311”与福岛核灾已不只是一般意义上的时间节点和孤立的灾难性事件，而成了日本运势重大转折的分水岭，这个国家从此进入“后311时代”，再次来到一个不能不变的关头。

“为什么会发生这种事？”“日本能够重生吗？”“日本该往何处去？”“怎样再建、怎样重生、怎样复兴？”这些都是“311”之后日本人最关心的话题。为了找寻答案，惊魂甫定的日本，各种机构、组织、团体以日本人特有的工作方式，几年来对“311”及福岛核灾进行了大量的调查、检证[1]，从各个角度剖析大地震尤其是福岛核事故带来的惨烈损失及重大教训。

地震震裂了日本平日外表完美的体制，核灾更是揭开了日本社会内部长期形成的万千纠结。“311”期间的日本时任首相菅直人在国会接受质证时，说了这样一番话：“某种意义上，福岛核事故暴露了我们整个国家的病灶。战前，军部掌握了政治的实权。在我看来，以东电和电气事业连合会[2]为中心的‘原子能[3]村’具有相同的性质。四十年来，他们逐渐掌握了原子能发展的行政实权，把批判性的专家、政治家、官僚排挤出主流。

1 其中比较受关注的有日本政府、国会、日本再建基金会、原子能灾害对策本部、文部科学省、保安院、防卫省、东京电力公司公开发表的调查报告，以及包括“311”时民主党政权重要人物菅直人、枝野幸男、细野豪志等当事人的言论和著述。

2 以下简称“电气连”，英文缩写为FEPC。日本的电力行业主要由民营私有的、独立的地区性电力公司组成。1952年，东电等九家电力公司成立了日本电气事业连合会，以促进电力行业的协调运行。

3 日语中“原子能”意即“核能”。本书中在引述日语文献和提及日本机构名称时，一般都用日语中的“原子能”说法，其余用“核能”概念。

很多人对这一切看得很清楚，但采取了事不关己、高高挂起的保身之策。这是包括我本人在内（的日本人）都需要反省的。”

菅直人的话一针见血。“311”与福岛核灾及随后的处置，使日本政治、经济、社会、文化、外交、国防各方面长期潜伏的“病灶”集中凸显，其内政外交、思维方式、社会行为的深层次结构性矛盾暴露无遗。这些矛盾盘根错节、错综复杂，很难通过一本书、一个研究说清楚讲明白。然而，事物总能化繁为简。针对“311”与福岛核灾蕴含的各种矛盾，日本提出的解决方案和变革思路五花八门，但最后都可简化成一个问题：“废核”还是“拥核”。所以我们就循着这个脉络，展开对日本“后 311 时代”的深入分析。

二·“废核”者先自被废

极端的困境之下，往往最能让人看清事物的本质以及蕴含其中的深层次矛盾症结。“311”之际，日本经历了一段不同寻常的艰难岁月，生死攸关的时刻，菅直人担当起了日本的“首席危机处置官”。在亲身经历了福岛核灾最初处置的种种不堪之后，菅直人对核事故性质得出了明确判断：人祸大于天灾。而且他把“人祸”的构成要素也看得很清楚，那就是在半个多世纪的时间跨度中，电力公司及业界组织以自身利益为中心，与政党、官僚等势力结成了一个高度封闭的利益集团——“原子能村”，他们利字当头、以利结伴，封杀异议、排斥异己，不但让日本的核安全监管体系名存实亡，也使得包括知识界在内的社会舆论无法发挥有效的监督功能。

福岛核灾几乎让日本万劫不复。“311”一周年后的2012年3月18日，诺贝尔文学奖得主、日本作家大江健三郎在巴黎第32届国际书展上说：“核电站再破裂一次，我们日本人就无法活下去了。”[1] 菅直人后来也透露，核电站事故发生后，日本政府曾设想在最坏的情况下动员包括东京都在内的5千万人进行避难，而且在空前的混乱和压力之下，政府机制几乎停摆、接近崩溃。[2] 由此可见，福岛核灾一度曾经达到了怎样的危难程度。正是由于处理福岛核灾的切肤之痛，加上看到日本民众反核抗议四起的舆论氛围，菅直人做出了大胆的决定：作为应急政策，立即停止全日本所有核电机组的运行；作为日本未来的长期能源政策，则要“建立一个没有核电站的日本”，即走向“废核”[3]。

为了说服日本社会，那段时间，菅直人反复表达这样一种观点，即“原子能村”把持了日本社会有关核能问题的话语权，安全神话大行其道，然而，福岛核事故证明，这一利权体制所谓的核电“绝对安全”“零事故”不过是一种狂想，在核

1　离原、王选：《日本核灾难真相：谎言与自负》，见《看天下》2012年4月1日号，总第203期。

2　据菅直人2013年6月4日在美国西部城市圣迭戈参加美环境保护团体核能问题讨论会时的发言。见日本《东京新闻》2013年6月5日相关报道。

3　日本以其语言含蓄和模棱两可的表述习惯，也称之为“脱核”或“去核”。

能领域根本不存在什么永久的安全，核能随时有可能变成“核怪兽”脱离控制，侵害人类与自然，变革只能按照福岛核灾之后的民意要求，向着“没有核电”的日本去努力。

2011年7月13日，菅直人首次就日本能源政策未来走向表态，称“要建设一个没有核电的日本”。此言一出，震惊日本政坛，并引发产业界强烈反弹，政府高官和产业大佬的批评和责难潮水般涌来，他们之中许多人公开批评菅直人的这种言论“不符合现实情况”，是“无视当下经济状况的草率发言”。就连菅直人的内阁成员也议论纷纷，称“这是一个没经过深思熟虑的发言”，前官房长官仙谷由人则干脆质问菅直人，“你打算如何统配能源来实现这番言论？”面对政商两界内外夹击，菅直人不得不改口澄清，称“脱核”仅是他的个人考虑。

但菅直人“废核”愿望未改，他很快又提出了“不依赖核电的社会”。2011年7月29日，日本政府召开能源会议。当晚，菅直人召开记者会，再次宣称日本今后将有计划、分阶段地降低对核电的依赖程度，争取建设一个不依赖核电的社会，并强调这将作为日本今后的能源政策加以实施。

2011年8月6日，日本广岛举行原子弹爆炸66周年纪念活动，菅直人在纪念仪式上第三次公开表态说日本要“脱核”。当时，广岛市长松井一实在现场发表和平宣言时称，福岛第一核电站事故致使许多人深陷对于核辐射的不安中，核电的安全神话已在老百姓心中彻底破产。为了早日赢得国民的信任，政府应该尽快重构日本的能源政策。对此，菅直人在演讲中明确回应，表示福岛第一核电站事故给本国国民和世界造成了长期不安，日本政府要深刻反省核电安全的神话。在确保彻底查明事故原因和确保现有核电站安全以外，还要以建立不依赖核电的社会为目标，尽可能降低日本对于核电的依赖。在随后的记者会上，菅直人强调，此番“脱核”言论与7月29日政府召开能源会议公布的方针是一致的，并非他的个人考虑，而是作为政府方针要予以实施。

但是，仅仅20天之后，也就是在2011年8月26日，菅直人在一片责骂声中宣布辞职。

菅的继任者野田佳彦，上台后立刻对民主党特别是菅直人的“废核”路线进行“消毒”，很快就表态将考虑逐步重启日本的核电站。2012年“311”一周年之际，野田宣布将着手重启关西电力公司的大饭核电站。此举激怒了日本民众，以东京为中心，日本各地持续爆发大规模反核群众集会和抗议活动，最大的一次在2012年7月29日，当天有20万民众包围了国会[1]，成为继1960年安保斗争以来最大规模的社会运动。就在此时，国际上日本最在意的关键因素出面发声了。2012年9月11日，美国能源部副部长丹尼尔·庞曼向到访的日本民主党政调会会长前原诚司表达了美国对日本“零核电”战略的担心。美国“关切”后，即使面对国内民众抗议的巨大压力，日本政府就再也没人去提“脱核”、“去核”的话题了。菅直人

1 此为社会运动组织方公布的数字，日本警方发布的数字则为1.2万人。

极为短命的“废核”计划，即使在其所属的民主党执政期间，已经胎死腹中。

就这样，“废核”者先自被废，菅直人成了“出征未捷身先死”一类悲情政治家的典型，为日本特色的“核能政治学”留下了无尽的余绪和想象空间。菅看清了日本核电体制的本质并忍无可忍，他本人又是搞社会运动起家的政治人物，对草根民意和社会舆论特别敏感，“311”后群情激奋的抗议声浪让他感到民心可用，[1] 于是他想以此为契机推动并力争实现“废核”。

但是，菅无疑忽略了日本核电体制中一些更为重要的因素，包括更多的利益群体、更长的时间跨度以及更深远的战略目标。要想实现变革，仅对福岛核事故进行就事论事的调查是远远不够的，还需要从战前、战中和战后的时间跨度上，从东电、“电气连”这些产业共同体，以及包括政界、学界、媒体界甚至反核运动团体在内的利益网中，从包括美国、英国、法国、前苏联等国家在内的国际关系中，对这个极为复杂的利益体系的“建构”过程进行深入分析，然后再剥茧抽丝，以极大的耐心去一点一点地进行“解构”。菅直人作为看透了“原子能村”面目的政治家，不可能不懂得其中的腐败、僵化和顽固。但他既没有建制性的组织力量可以依靠，也没有时间去盘桓周旋，于是在“311”的当口就病急乱投医，试图借助民意和舆

1 当时，日本多个全国性民意调查均显示，在经过东电福岛第一核电站事故以后，近80%的日本国民希望日本脱离核电。见孙冉:《日本从“脱核”到“减核”能源政策改革难实现》，中新社东京2011年7月30日电。

论的力量，把日本战后六十多年形成的“原子能村”及其背后由多种利益长期建构起来的核能体制，一夜之间彻底推翻。菅直人的勇气可嘉，变革方向也无疑正确，但步子太大心太急，引发了“原子能村”及政商勾结的“核密室”强劲反扑，各种张力和冲突都是菅无法承受的。所以，菅直人很快就被民主党无情抛弃，其“变革”也无疾而终。

但菅的继任者野田佳彦的命运也没有好到哪里去，他及其所属民主党都在日本政坛昙花一现。“废核”的被赶下台，为什么反其道而行之要“重启”的也在台上站不住？殊不知，这两者并不矛盾，因为他们都犯了同一个毛病：在官与民之间只抓一头，失去了平衡。菅直人是败在太想借重民意而低估了“核密室”的力量，野田佳彦则是败在马上就向“原子能村”屈膝告饶但却不顾街头激昂的民意，关键时，美国横插一杠子的公开“表态”更加剧了事态的复杂和不确定性。结果，前者被“官”打到，后者被愤怒的选民“用脚投票”赶下了台。就这样，打着“变革”几十年自民党利权痼疾旗号上台的民主党，椅子还没坐热，已经土崩瓦解。一直虎视眈眈的自民党则坐收渔利，顺势东山再起。

三 •“拥核”者意欲何为

2012 年岁末，自民党以及安倍晋三重新上台。一切都回到了从前。“后311时代”的日本重新呈现出一个保守主义国家的面目，安倍政权对“核”只有一个态度：“拥核”没商量。

但福岛核灾的坏消息一个接一个不断传来。安倍的策略是顾左右而言它、极力回避，实在混不过去就敷衍应付一下。安倍经济学、申办2020东京奥运、积极和平主义、推动行使集体自卫权，以及通过参拜靖国神社、升级钓鱼岛之争加剧与中国的龃龉，一系列举措既反映出安倍“日本不做二流国家”的急迫心情，也是他转移日本公众和舆论对福岛注意力的精心设计。

但在台面底下，安倍对“核”问题的重视可丝毫没有含糊。2012年年末，在那次一举颠覆民主党的众院关键选举中，为了获得民意支持，自民党在选举公约中也曾承诺“以建设一个不依靠核电的经济社会为目标”。但随着夺权成功以及权力基础不断巩固，自民党很快把选举承诺抛到脑后。在2013年7月参院选举时，“不依靠核电”的字句已被悄悄拿掉。而一旦自民党拿下参院，全面掌控国会后，“311”后被看作福岛核灾罪魁祸首的“原子能村”则全面复辟，重新回到了日本舞台的中央。2014年4月11日，安倍内阁通过了新的能源大纲，重新将核电确立为国家基础电源。2014年12月再次大选获胜后，安倍政权欢呼“获得了国民的充分信任”，自认为终于具备了“长期政权”的条件，开始全面加速推进核电重启及出口工作。

本来，菅直人在处置福岛核灾时，痛感日本原有的核安全监管体制因与产业利益裹在一起而丧失了监督功能，于是想厉行改革。2012 年 9 月，在菅下台一年后，日本新的核安全监管机构——原子能规制委员会[1]还是成立了。按照创制时的设想，这家监管机构的人员要与以往的“原子能村”划清界限，以独立、专业、负责的方针对日本的核设施进行安全监管。安倍重新上台后，这项重要改革也迅速转向。2013 年 6 月，围绕确立新的核电规制标准，该委员会起初还坚持专业要求，但很快被一些反对者批评为太过严苛。随着安倍政权重启核电的态势愈发明朗，委员会也开始“明智”地配合安倍，双方心照不宣演起了政治双簧。

例如，2014 年上半年，围绕九州电力公司川内核电站的重启，安倍的表态是“遵从规制委员会的专业意见，如果委员会认为安全，就应该开始重启工作”。而原子能规制委员会的表态则是“委员会只负责标准审查，不参与是否重启的决策”。但鉴于福岛核灾的严重后果，新的原子能规制委员会也深知责任重大，就千方百计在规制审核中用很多谁也听不懂的专业术语躲闪塞责。2014 年 7 月，在川内核电站已经“通过”了安全标准审查后，原子能规制委员会的田中俊一委员长还表示说:“我并没有讲川内核电是安全的。”让人搞不清这个核电站的状况究竟安全还是不安全。2014 年 12 月，关西电力公司高滨核电站 3、4 号反应堆也通过了标准审查，此时田中的表态

1　日本原子能规制委员会成立于 2012 年 9 月，英文缩写为 NRA，对日本的核能安全实施统一管理，由“反应堆”、“核物质及辐射防护”及地震领域的 5 名专家组成。

同样玄之又玄：“我们只是认为它符合新的规制标准。我们既没说不安全，也没说安全。”[1]很明显，在安倍政权的压力之下，这样的委员会既不可能“独立”，更无法“专业”“负责”地发挥作用，核安全监管仍然形同虚设。

“废核”的方向已经扭转，监督机制也含糊其辞，安倍开始迈出重启核电的实质性步伐。此时，日本东北地震灾区的复兴仍遥遥无期，数以万计的灾民依然蜗居在“临时居住点”看不到回乡之路，福岛核灾现场熔毁的机组还在燃烧，核污水继续流向大海，事故处理举步维艰。但这一切，仿佛被一种无形的力量尘封一般，与日本社会渐行渐远。“311”之初痛切的反省，对肇事者尤其是东京电力公司追究责任的呼声，同样烟消云散。所以日本的核电重启，是一次彻头彻尾、彻里彻外“没有改革的复活”。

而在重启核电之外，日本核能政策的另一个重要转变更加令人担心。2012年6月20日，日本国会用法律修正案的形式，在《原子能基本法》和《原子能规制委员会设置法》中新增了“核能应为保障国家安全做贡献”的条款。《朝日新闻》评论指出，《原子能基本法》是规定日本核能研究、开发利用方针政策的法律，过去34年来，该法一直规定“核能开发限于和平目的”，而这次以制订《原子能规制委员会设置法》修改《原子能基本法》，两个法律都包含直接与国防、军备等“国

1　见时事通讯社2014年12月17日相关报道。

家安全”因素挂钩的同样条款，很可能“为核能用于军事目的开辟了道路”[1]。更为诡异的是，法案的提出、修改、通过等各个环节都显得突如其来，整个过程充满了瞒天过海、暗箱操作的色彩，在国会完成立法作业后各政党都不声不响，尽显低调。但还是在有心人中引起了震动，法案通过后，著名的知识分子团体“保卫世界和平七人委员会”[2]立即发表紧急呼吁，要求撤回上述修订案。该团体指出：“无法否认（修订的法案）具有为核能的实质性军事应用开辟道路的可能性。”但是，这一反对之声很快淹没在了沉默的黑洞之中。日本的核电与核弹始终是一母同胞、孪生共体，在实际发展中，日本暗渡陈仓，借助开发“快堆”等核心技术对核燃料进行处理，早在上世纪90年代就跨越了核武材料的关键“门槛”（见本书第三章的详细分析）。但这次法律的修订，却等于从“法统”的高度为日本几十年偷偷摸摸的危险行为颁发了“通行证”。

2013年年底，日本国会更进一步强行通过了《特定秘密保护法》。该法案将“特定秘密”定义成“一旦泄露会对日本国家安全构成危害的信息”，内容主要涉及防卫、外交、防止间谍活动以及反恐等四个方面。根据这个法律，再联系到上述“核能应为保障国家安全做贡献”的核能“新法”，包括福岛核灾在内任何有关日本核能、核武的信息，都能以“国家安全”、

---

1 见《朝日新闻》2012年6月21日相关报道。

2 由诺贝尔物理学奖获得者汤川秀树等人创立。

“特定秘密”的名义被隐藏得干干净净。

这决非杞人忧天，下面一桩“巧合”就很能说明问题。2014 年 12 月 10 日，《特定秘密保护法》被国会通过一年后正式实施。但就在这一天，日本原子能规制委员会却作出了一个决定：今后福岛核灾现场将不再采用国际原子能机构颁行的核与放射性事故评级体系 (INES)[1]。这个事故评级体系规定，凡是在 2 级以上或在国际引起公众高度关切、新闻媒体有必要进行报道的核事故，核事故当事国都要在 24 小时内通过国际原子能机构，将有关情况通报给各成员国。这样做是为了尽早观察可能发生的重大的核辐射污染，以在国际范围内采取相应对策。如 2013 年 8 月，福岛核灾现场曾经发生过一起 300 吨高浓度核污水泄漏入海的事故，该事故按国际核与放射性事故评级体系被定为 3 级，引发了国际舆论的高度关注，国际原子能机构也介入指导处理。但是，按照日本原子能规制委员会的新规定，今后即使福岛核灾现场再发生类似的或更为严重的事故，日本都将不再接受外部的评价。此外，还规定在出现情况时，将由委员会进行书面说明。这意味着今后即使发生新的重大核泄漏，事故区域内的居民、地方政府和新闻媒体都只能坐等原子能规制委员会发表的“书面说明”，然后方可采取包括发布灾情最新信息等相关措施，否则就极有可能因涉及《特定秘密保护法》中“安全保障方面的国家秘密”而受到法律制裁。

1 全称为 The International Nuclear and Radiological Event Scale。

不可思议的是，对于这一重大政策变化，除共同通讯社以外，日本的各大报纸、电视台均只字未提。福岛核灾发生后，“核”这个神奇的东西在日本变得更加神秘了。在“核”问题上集体失语和噤声，已成为日本“后 311 时代”的一个重要特征。

菅直人和安倍晋三都想推动日本“变化”，但两者有着根本的不同。菅是想通过“废核”把日本拽出“灾后”的深渊，安倍则是要通过继续“拥核”将日本带上“核电大国”乃至“核武大国”的“大国之路”。现在，安倍主导了“后 311 时代”日本的发展。

四·“核”关乎日本的根本走向

2015 年，是日本战败 70 年。在国家发展方向和未来定位上，日本面临的问题很多。其中，“核”就是一个重要的试金石，其核政策、核体制何去何从，很大程度上决定着“后 311 时代”日本的走向。

在探寻福岛核灾产生缘由的过程中，从菅直人“废核”和安倍晋三“拥核”的博弈中，许多现象和问题难以解释。日本作为世界上惟一受过原子弹打击的国家，同时又地震频发，当初究竟为什么要“核电立国”？号称“最安全”的美国核电机组加上精细严谨闻名于世的日本管理何以在自然灾难面前不堪一击，“核电零事故”的神话为什么顷刻间灰飞烟灭？

由于曾深受原子弹之害，“反核”始终是日本大众舆论的主题之一，但为什么“311”后谎言大行其道、反核声音大部分时间却软弱无力？在 2014 年 2 月的东京都知事选举中，反核并主张废核的两位前首相联袂出战却铩羽而归，令人疑惑究竟什么才是“后 311 时代”的日本民意？为什么一方面连许多普通日本百姓都抱怨福岛核灾是“人祸大于天灾”，另一方面日本社会却似乎并无意追究肇事者的责任？明治维新以来的日本屡屡在大灾之后发生大变革，但为什么福岛核灾似乎对日本政治、经济、社会结构，以及日本人的认知、价值、生活和行为方式并无触动？

还有，“311”之前，日本已是位列世界第三的核电大国，电力供应的三分之一来自核电，为什么还要继续大搞核电，难道这仅仅是为了要突破能源“瓶颈”吗？“311”之后，日本的核电站、核设施几乎全部处于停运状态，但经过三个夏季用电高峰的检验，日本的常规电力供应完全能够满足全国生产生活的用电需求。在这种情况下，日本为什么还要坚持重启核电？日本核电停运后，美国曾建议日本同时停止乏燃料后处理，但日本仍执意继续，在核电停运、没有进一步钚消耗的情况下，日本为何还要继续生产和积累钚？又如何保证这些可以制造核武器的钚处于安全状态？为什么日本对于福岛核事故现场向国际社会进行严密封锁，包括美国这样的盟国提出的施援建议也被拒之门外？是否真的像国际媒体报道的那样，在核灾现场存在着与核武研发有关的神秘设施？为什么在2014年年初，美国突然催日本归还超过300公斤的武器级钚？为什么上世纪90年代以来，屡屡有日本政客放言“如果愿意，几个月我们就可以拥有核武器”？

上面“为什么”的单子还可以列得更长。而且，“后311时代”的日本，与国际社会在“核”问题上的互动也更加波谲云诡。一方面，美国通过“讨还”武器级核材料似乎要拧紧日本的“核武瓶盖”；另一方面，当菅直人提出“废核”时，美国及英、法等国又纷纷压日本改变想法。

在看似矛盾、逻辑混乱的日本“核”问题背后，其几十年的主线到底是什么？支配性力量又是什么？安倍的“拥核”政策是打造产业的经济考虑，还是要推进核武装的战略之举？在福岛核灾阴云笼罩下，日本到底是在“后311时代”正重新崛起，还是走向一条危险的道路？为了回答这些问题，本书将以“311”与福岛核灾为主线，以日本的核政策、核体制为分析对象，从政治学、社会学、大众传播学及国际关系学的视角进行综合研究。换言之，希望通过对日本做一个核能社会学、核能政治学及核能国际关系学的综合研究，为更准确地把握日本的未来走向找到一把重要的锁钥。

第二章

福岛核灾与『海上切尔诺贝利』

福岛核事故发生后，事实很快证明，其灾难规模、严重程度、影响广度，都创下了核电发展史上之“最”，是一场“人类历史上从未经历过”的超级事故[1]。日本面对这场21世纪的“海上切尔诺贝利”[2]，需要迅速形成新的救灾机制，并与国际社会通力合作。但在灾难发生后的四年中，日本政府及当事企业东电先是“乐观”地低估了严峻形势，设计了一套完全不能有效控制局面的事故处理方案，然后任由东电这么一个民营企业在现场苦撑，致使核泄漏的范围扩大、程度加深，次生事故接连发生，核灾处理模式暴露出难以克服的缺陷。随着2012年年底自民党重新上台执政，以及东京获得2020年奥运会主办权，安倍内阁终于表态，称政府将加大参与力度，并对经费投入和处理思路进行调整。但由于福岛核灾的严重程度，加之日本现行法律、政经关系、企业运作模式等诸多扭曲，核灾现场

1 语出日本京都大学反应堆研究所副教授小出裕章。小出裕章虽然身为体制内研究人员，但长期对核电、核能开发中的危险因素坚持发出警告。“311”后，小出裕章在广播媒体上向听众系统介绍福岛核事故的处理现状、问题，以及日本核事业发展的来龙去脉，在日本被看作“反核”派的代表人物之一。

2 据作者所见，“海上切尔诺贝利”的提法最早由日本经济新闻社编委泷顺一提出，见《日本经济新闻》2011年4月10日相关报道。

依然危机四伏，核污染有增无已，福岛及周边地区长期蛰伏在灾难的深渊中看不到希望。

一 · 核事故的大致经过

在分析福岛核事故之前，有必要先简单了解一些背景知识，如反应堆工作原理、核泄漏防护原理及核电站建设情况等。日本福岛第一核电站的 6 座核反应堆都是从美国直接引进的“交钥匙工程”[1]，建设时间在 1971—1979 年之间，均属轻水反应堆中的沸水堆。其工作原理是：核燃料棒在反应堆堆芯中发生可控的链式反应，产生热量后再传递给反应堆压力容器内的水，水被加热后产生蒸汽，推动蒸汽涡轮发电机产生电能。回路中的水在反应堆运转过程中是沸腾的蒸汽，通过涡轮发电机后进入一个冷凝器，冷凝器引入海水进行冷却，蒸汽冷却后重新变成液态水流回反应堆压力容器。

在运转状态下，核燃料发生链式反应时会产生大量对人体有害的放射性物质，如碘–131、铯–137 等。为了避免这些物质泄漏，核电站设置了多层防护。福岛第一核电站就有三层防护。第一层防护是核燃料棒外壳——锆合金，这层合金包裹

1 指跨国公司为东道国建造工程项目，一旦包括设备安装、试运行、全程运转等设计施工完成后，就把该工程项目所有权和经营管理权的“钥匙”依合同完整地交给对方，由后者开始独立经营。

可承受1200度的高温，能够避免核燃料棒中的放射性物质与冷却水接触。第二层防护是反应堆压力容器，堆芯就放置在这个容器内。反应堆工作时会产生巨大的蒸汽压力，所以反应堆压力容器也由高强度合金钢制成，在核燃料棒的锆合金外壳出现破损时，保证放射性物质不会大规模泄漏。第三层防护是混凝土安全壳，福岛第一核电站的安全壳由约1米厚的预应力钢筋混凝土和约6毫米厚的内衬钢板组成。它的防护作用是，在反应堆压力容器爆炸或破损后，大量放射性物质、放射性废水不会泄漏到外界。需要提及的是，前苏联切尔诺贝利的核电反应堆是没有安全壳的，所以爆炸后很轻易地将厂房炸开，导致大量放射性尘埃直接进入大气。

在反应堆之外，核电站还有一些必不可少、非常重要的附属部分。例如压力抑制水池，它与混凝土安全壳连通，用于控制混凝土安全壳的内部压力和装盛冷却水。例如混凝土安全壳的钢制顶盖，在更换核燃料棒时是需要打开的。还有冷却使用过的核燃料棒即“乏燃料棒”的冷却水池，因为乏燃料棒刚从反应堆取出时温度仍非常高，需要放在水池里冷却，再运出核电站。此外，在核电站厂房的最高一层是操作厂房，装有吊车等设备，装卸核燃料棒等操作在此进行。

在了解上述背景知识后，我们具体来看福岛第一核电站的事故情况[1]。“311”地震发生时，福岛第一核电站的1、2、3

1　有关内容综合了日本共同网、NHK，中国新华网、人民网、中新网的报道。

号机组正在运转，4、5、6号机组处于定期检修的停机状态。地震发生后，三个在运反应堆全部进入自动停堆状态。那么，为什么还是出现了严重的核泄漏？这是因为在核电术语里，“停堆”只是通过计算机控制向核燃料棒及相关设备组成的反应堆芯，逐渐插入用于吸收中子、控制链式反应程度的控制棒，这个过程到停止发电需要6至8个小时。之后，仍然要花上几个小时的时间，把剩余控制棒插入，使链式反应完全停止。在此期间，由于核燃料棒仍会产生大量的热，就必须保持冷却水循环，以保证核燃料棒不会因为温度过高、包裹金属熔化破损而出现严重的核泄漏。

但不幸的是，“311”地震不到一个小时就引发了巨大的海啸，汹涌而来的海浪使福岛第一核电站毁灭性地陷入了“全交流电源丧失”状态。停电使冷却水循环完全中止，1、2、3号机组丧失了冷却功能，导致反应堆压力容器内水温、压力迅速上升，混凝土安全壳内蒸汽压力也随之升高。

3月12日凌晨，1号机组开始人工释放蒸汽，以求避免安全壳因压力过大损坏。但是并未奏效，由于温度过高，反应堆压力容器内的冷却水迅速蒸发，水位不断下降，使核燃料棒露出水面部分处于干烧状态。下午13时许，1号机组附近探测到放射性元素铯-137，这表明核燃料棒的锆合金外壳已开始熔毁，出现了最可怕的“堆芯熔化”。16时许，1号机组厂房发生氢气爆炸，厂房的外壁、顶部被炸飞，这是锆合金在高温下与水发生反应产生的氢气泄漏至操作厂房顶层造成的。

3 月 13 日凌晨 5 时许，3 号机组丧失冷却功能，在反应堆压力容器内水位下降后，也出现核燃料棒干烧、锆合金外壳破损的情况。14 日上午 11 时许，3 号机组也发生氢气爆炸，上层操作厂房外壁出现破洞，爆炸还导致 11 人受伤，但所幸反应堆压力容器、混凝土安全壳没有受损。

再看 2 号机组。 3 月 15 日 6 时 10 分，机组同样因停电丧失冷却功能发生了爆炸，核反应堆安全壳和压力抑制池在爆炸中破损。由于压力抑制池与混凝土安全壳是连通的，所以安全壳内的放射性气体大量泄漏，使整个核电站处于严重的辐射状态[1]，直接影响了其他救援工作的开展。下午 16 时许，2 号机组又出现“紧急事态”，反应堆压力容器内的水位急速下降，一度导致全长约 4 米的核燃料棒全部露出水面，处于严重的干烧状态，核燃料棒锆合金外壳发生烧熔性破损。

同日，即 3 月 15 日上午 9 时 40 分，4 号机组发生氢气爆炸并起火，上层操作厂房出现两个边长 8 米的四方形的空洞。后来发现，氢气爆炸是由于乏燃料棒冷却水池失灵，高温导致乏燃料棒的锆合金外壳与水作用产生氢气。这一情况非常危险，因为乏燃料棒冷却水池缺乏坚固屏蔽，一旦乏燃料棒的锆合金外壳损毁，大量放射性物质将直接进入大气。16 日 7 时许，4 号机组厂房再次发生火灾，火焰从 15 日爆炸形成的破洞喷出。

1　2 号机组爆炸后，福岛第一核电站正门测得的辐射剂量为 8.217 毫希 / 小时，为普通人每年可被辐射剂量上限的 8 倍。3 号机组附近测得 400 毫希 / 小时的辐射剂量，人在附近停留 2 小时即会出现呕吐等严重辐射病症状。

9时许，东电表示，4号机组厂房冷却池里存放的乏燃料棒可能再次达到临界。

3月16日，日本首相菅直人称，3号机组的混凝土安全壳可能已经破损。东电则表示，蒸汽可能是因为3号机组的乏燃料棒冷却池过热产生的。当天下午，日本自卫队直升机曾试图向3号机组厂房洒水冷却，但因为核辐射量过高而放弃。此时，核电站厂区的辐射剂量约为正常值的6.6万倍。3月17日上午，日本自卫队两架CH–47大型直升机还是在3号机组厂房上空实施注水冷却作业。但注水作业后，核电站厂区的辐射剂量没有变化。从卫星图上看，福岛第一核电站的四个机组均受损严重，一片残垣断壁。从那时起，看不见的核辐射、超高的辐射剂量一直如魔魇般盘踞在事故现场，成为福岛核事故处理中的最大挑战。

二 · 核事故处理总体很不理想

2015年1月30日，日本国会。日本共产党的高桥千鹤子议员就福岛核事故处理状况质询，日本首相安倍晋三在回答中承认，现阶段的事故处理还远远谈不上“收束”[1]，即远未解决。

应该说，比起一年半前东京二度申奥时的信誓旦旦，安

1 引自路透社2015年1月30日的相关报道。

倍的此番表态还算实事求是。过去的四年，至少有“四座大山”横亘在事故处理的第一线：处理核污水、废炉、除污和赔偿。前两项关系到福岛第一核电站的现场处理，后两项关系到福岛民众生活的安顿，四件事环环相扣、相互影响。核污水不能得到有效控制，就不具备废炉的前提；无法实现废炉，就谈不上有效除染；不能消除核污染，就无法说服民众回乡参与灾区重建；灾区民众无法还乡，赔偿工作就愈发复杂。福岛核灾四年过后，这“四座大山”仍然个个耸峙在前，至今连一个山头都没有翻过去。

（一）废堆，不知何时才能开始

2011 年 4 月 17 日，也就是在福岛核灾发生一个月后，东电董事长胜俣恒久发表了福岛第一核电站事故处理的路线图[1]，救灾工作分三步进行。一是“反应堆和乏燃料池的冷却”，二是“放射物泄漏的控制”，三是“周边环境的监测”。在时间上，又分为两个阶段：第一阶段为期 3 个月，力争实现“辐射量切实减少”；第二阶段为期 3 至 6 个月，目标是“管理放射性物质泄漏，大幅降低辐射量”。同时计划在 6 到 9 个月的时间内，使撤离的灾区居民重返家园，公众恢复正常生活秩序[2]。2011 年 12 月，日本首相野田佳彦召开记者会宣布，福岛第一

1 见人民网 2011 年 4 月 17 日相关报道。
2 见新华网 2011 年 4 月 19 日相关报道。

核电站1至3号机组实现冷停堆，核事故处理第二阶段的工作已结束[1]。随后，日本政府和东电对于核事故处理的关键——反应堆报废，公布了工程进度表，计划两年内取出1号至4号机组乏燃料池中的燃料，10年内开始取出1号至3号机组反应堆内的熔毁燃料，20年至25年完成回收作业，30年至40年完成核电站的解体工作。

在2015年“311”四周年时，将福岛核灾的现状与2011年上述路线图、工程进度表进行对比后发现，各项工作均大大滞后。其中，“放射物泄漏的控制”与废堆两大问题最为突出和棘手，不仅进展甚微，而且互为因果、相互牵制：核泄漏控制不住，就会影响废堆的进展；而废堆迟迟不能开始，核泄漏势必不断增加。

按照2011年的东电“路线图”，1号至4号机组乏燃料池中燃料棒的取出工作应该在两年内即2013年年底前结束。但到2014年年底，仅完成了4号机组的转移工作[2]，其他三个反应堆的相应工作均未开始。

之所以先从4号机组下手，是因为该机组的情况最危险但处理起来也最简单。上文已述，4号机组在“311”时处于定期检修状态，事故发生后因氢气爆炸机组厂房遭到严重破坏。当时，4号机组约1500根燃料棒都集中在乏燃料池内。

1　见中新网2011年12月16日相关报道。

2　4号机组乏燃料池中的燃料棒转移工作自2013年11月开始，2014年11月4日全部转移完毕。

由于爆炸掀开了反应堆厂房建筑的屋顶和墙壁，导致燃料池直接暴露在空气中。同时，爆炸也造成整个建筑物岌岌可危，一有余震就可能垮塌，具有高度辐射性的乏燃料棒将产生更严重的核泄漏，后果不堪设想。因此，东电一直把移除 4 号机组乏燃料池中的燃料棒作为首要任务。但从技术难度上，4 号机组的燃料棒移除工作在四个反应堆中又是最容易的，因为 4 号机组没有像 1、2、3 号那样发生堆芯熔化，核辐射水平远较其他三个核反应堆要低，所以最容易操作。即使难度最小，从"311"事故发生到 4 号机组的燃料棒移除工作完成，也历时 3 年 8 个月。虽然东电安排媒体进行集体采访，将之称为事故处理"重要的里程碑"，但了解内情的人都知道实际状况远非如此。

乏燃料池的燃料棒移除工作，真正的挑战还在 1、2、3 号机组。这些反应堆因为发生了堆芯熔化，堆芯燃料已经像蜡一样熔解，并在反应堆容器底部结块。更为严峻的是，其中一个反应堆的燃料碎块"可能通过反应堆容器，熔入了混凝土安全壳"的基底和地下[1]，导致核辐射水平极高，施工人员根本无法接近现场。东电根据对事故现场地下水及空气放射物质的检测，推测 2 号机组就是那个情况最为严重的反应堆[2]。

1 这是福岛第一核电站现任站长的说法，见《中国科学报》2015 年 1 月 27 日相关报道。

2 2013 年 12 月 21 日东电发表声明称，从 2 号机组附近一个观测水井的样本水中测得放射性物质达到每公升 190 万贝克勒尔，创下新高。2015 年 1 月 13 日，东电的监测数据显示，在距离海湾 55 米处的一个观测水井中测得放射性物质 1.5 万贝克勒尔，比 2015 年 1 月的测定值增高了 50 倍。

从2014年下半年开始，有关重新修改反应堆报废工程进度表的说法越来越多。据日本共同社报道，事故前3号机组的乏燃料池燃料棒为566根，取出工作将于2015年9月前展开[1]，但由于机组建筑物内的核辐射剂量居高不下，工人将无法像在4号机组中那样近距离作业，只能采用远程操作。在实施远程操作前，为了安装相应设备，东电需要首先对建筑物内部空间进行除污。2014年11月28日，东电宣布将对3号机组追加除污作业，但完成这项前期工作所需的确切时间无法估计。[2]因此，能否按计划在2015年9月开始3号机组的乏燃料池燃料棒取出工作不得而知。

此外，事故前1号机组的乏燃料池燃料棒为392根，取出工作将首先从拆除建筑物屋顶开始。由于势必带来大量污染物的扩散，整个拆除工程能否进行下去，又将花费多长时间，也都是未知数。东电目前的计划，是在2019年9月前开始取出工作。至于2号机组，事故前其乏燃料池燃料棒为615根，由于灾情特别严重，何时可以开始取出工作，目前连计划都无从拟订。

---

1 见日本共同网2014年12月22日相关报道。

2 3号机组的除污作业包括清除反应堆厂房上部附着的放射性物质等措施。东电计划将厂房的辐射量降至每小时1毫希以下之后，再进行人工作业。但据东电估算，即便除污作业结束，厂房最高处的辐射量仍将达到每小时60毫希，厂房周边很多区域的辐射量预计也将超过10毫希。为此决定追加实施除污作业，其中包括铺设可遮挡放射线的铁板，进一步清除被污地面等措施。见日本广播公司（NHK）2014年11月28日相关报道。

由上可见，东电 2011 年提出的“两年内取出 1 号至 4 号机组乏燃料池中燃料”的计划已经大幅推迟，未来能否顺利进行也毫无把握。至于“10 年内开始取出 1 号至 3 号机组反应堆内的熔毁燃料”的计划，挑战更大。东电在 2015 年年初公开承认，“并不确切知道堆芯的燃料棒目前在哪里”，若果真如此，那么熔毁的堆芯燃料最终能否取得出来，就要打上一个大大的问号。一些日本专家认为，取出堆芯燃料根本就不可能，因此提议建造一座类似切尔诺贝利“石棺”那样的密闭设施，用厚厚的混凝土将反应堆封存起来[1]。那样的话，就意味着整个废堆工作需要重新调整思路。

（二）漫漫返乡路

2014 年 9 月 11 日，是“311”三周年半纪念日。日本官方统计数据显示，在被转移安置的灾民中，仍有近 25 万人未能返回原居住地，9 万灾民依然居住在临时定居点[2]。在福岛核灾发生后，日本政府曾提出以“全员返乡”为基本原则的灾区重建方案。但是由于灾区清污工作的难度远远超出想象，灾民“全员返乡”几无可能。按照日本政府此前的规划，由中央政府直接负责清污的 11 个市町村[3]，将于 2014 年 3 月前完成遭受

1　如小出裕章 2015 年 1 月 1 日在《福岛民报》发表文章称，应采取切尔诺贝利式的“石棺”方式封堆。

2　见日本共同网 2014 年 9 月 11 日相关报道。

3　分别相当于中国的县乡村三级行政区。

核污染土地的全部除染清污工作。但截至 2014 年 8 月，仅有 4 个市町村完成任务，另外 7 个还需在 2015 年及以后继续进行，清污工作进展迟缓可见一斑[1]。

“311”之后，按照核辐射程度，受核事故影响的灾区被划分为三类，即“难以返回地区”、“限制居住地区”和“准备解除避难状态地区”。2011 年 12 月，为了促使灾民尽快返乡，日本政府大幅降低灾区核辐射安全标准达 20 倍，将允许灾民返回定居的“解除避难状态”标准确定为“年均受辐射量不超过 20 毫希”[2]。伦敦大学学院能源研究所多尔夫曼博士指出，这将使居民特别是儿童处于险境，因为 20 毫希的辐射水平对于穿戴着防辐射装备的核电站工作人员也许尚可接受，但对婴幼儿及仍处发育阶段的青少年，这个辐射水平恐怕会破坏免疫力，增加未来患病风险[3]。

此外，福岛核事故后还有 12 个市町村被列为“指示避难”的区域，日本政府后来通过拨付补助金的财政支持方式，鼓励这些地方的灾民早日返乡[4]。但是，对于不少灾民来说，回不回乡，令他们无比纠结。尽管按照政府的新标准已经可以返回原

1 见日本共同网 2014 年 8 月 22 日相关报道。

2 谢宗睿,《“3·11”地震千日祭 灾民返乡梦难圆》，见《光明日报》2013 年 12 月 6 日 8 版。国际辐射防护委员会（ICRP）2007 年公布的建议指标中，不影响人体健康的受辐射量标准应为“年均低于 1 毫希”。日本的标准为国际指导标准的 20 倍。

3 见香港《文汇报》2014 年 3 月 11 日相关报道。

4 具体做法是下拨用于房屋、道路建设的“地方交付金”。2014 年度，日本中央财政拨付的“加速福岛再生交付金”总额为 1088 亿日元。见《产经新闻》2015 年 1 月 11 日相关报道。

居住地了，甚至还能得到低价住房，但是回乡之后将受到放射线的长期威胁，直接影响身体健康，这又使人们忧心忡忡。2013 年 9 月，福岛县政府组织医疗机构对 23.9 万名 18 岁以下少年儿童进行检查，结果有 59 人被怀疑患了甲状腺癌。又过半年，到了 2014 年 2 月，疑似患癌的少年儿童更增至 75 人。冈山大学流行病学教授津田敏秀认为，从 1975–2008 年日本国内的癌症发病情况来看，10 岁至 25 岁人群的甲状腺癌发病率，仅为每百万人中约 5 至 11 人，而福岛县少年儿童甲状腺癌的发病率，比日本全国平均值高出十倍之多，而且从目前趋势看，今后还会增多[1]。

仅一个福岛县患癌和疑似患癌的少年儿童就如此集中，自然引起福岛县民的广泛愤怒和不安。此外，核辐射对人们的心理健康也带来了不容忽视的负面影响。例如，距离福岛第一核电站 55 公里之外的郡山市，虽然属于日本政府认定的“安全区”，但教育界人士表示，当地很多孩子对核污染担心害怕，吃东西前经常会问“会有辐射吗”；有的学生想到户外玩耍时，也会被校方拒绝。灾民回乡之路充满了不确定，灾区复兴之遥遥无期，谈“辐射”则色变、人心惶惶，面对这样的真实场景，回看 2011 年 4 月东电提出的“6 到 9 个月内重返家园”的计划，令人不胜唏嘘。

---

1 见新华网 2013 年 12 月 23 日相关报道。

（三）天文数字的赔偿诉讼

福岛核泄漏事故发生以来，受灾的个人和法人以不同的受损事由，不断向东电提起各种损害赔偿诉讼。其中也包括灾民因无家可归自杀而由遗属提起的诉讼。从 2012 年年底，灾民开始联合起来向法院提起集团诉讼。最大规模的一次，发生在 2013 年 3 月 11 日福岛核灾两周年纪念日这一天，福岛、东京、千叶等三个地方法院及福岛地方法院岩木支部，同时遭遇在外避难和驻留污染区域的灾民共约 1700 人提起的集团诉讼。此后，日本全国开始出现凡有避难灾民的地方就有集团诉讼的局面。

而且，诉讼对象也在变化。从 2013 年开始，集团诉讼的被告由过去的东电一家变为东电和国家两家，要求他们承担共同侵权的连带赔偿责任。大部分集团诉讼的原告都有“失去故土”的赔偿请求一项，对于东电，援用的是 1961 年制定的《原子力损害赔偿法》（以下简称《原赔法》）的无过失责任和日本民法第 717 条和第 719 条的侵权责任；对于国家，援用的是《原赔法》的责任规定和《国家赔偿法》第 1 条的有关规定。

目前，大部分案件还在审理过程中，一旦法院作出判决，受有关案例鼓舞，很可能将进一步引发灾民诉讼浪潮。为避免这种情况的发生，法律诉讼后面也大有“政治”。根据日本目前的司法体制，损害鉴定机关、鉴定专家的选择由法院决定，面对巨大的“国家利益”，能否保证司法公正是问题的关键，也充满了不确定。因为如果原告胜诉，就要兑现巨额赔偿，但前提是东电和国家必须具有实际赔偿能力。“311”后，东电因福岛核灾已濒临破产，日本政府根据《原子力损害赔偿支援机构法》，2013 年已向东电注资了 3 兆 964 亿日元[1]，但东电依然难以支付到当年年底的收入损失。而2011 年 9 月国家出资设立的“原子力损害赔偿支援机构”，目前还在积极向民间借债并发行机构债[2]，用以资助东电度日。政府对东电解囊支持，是因为这家企业已“大到不能倒”[3]的地步，一旦解体，政府根本无力收拾它留下的烂摊子，更何况福岛核灾事故现场还需要由它把守。现在福岛灾民的诉讼赔偿动辄就是几十亿日元，例如：仅 2013 年 3 月，1700 名灾民的集团诉讼，要求的赔偿额就达到 53.6 亿日元（按当时汇率约合人民币 3.5 亿元），这仅是原告对疏散费、停业损失费和抚慰金等的索赔，还没有包括核辐射的损害赔偿诉求[4]。这种情况下，如果让东电陷入无尽无休的法律赔偿中，它必将迅

---

1 2013 年 11 月 22 日东京电力公告。见 http://www.tepco.co.jp/cc/press/2013/1232344_5117.html。

2 2013 年度政府计划调集资金 4 兆日元，到 11 月下旬为止，“原子力损害赔偿支援机构”已实际向民间借债 1 兆 2000 亿日元，发行机构债 3000 亿日元，都用于核事故赔偿，但依然是杯水车薪。见日本原子力损害赔偿支援机构官网：http://www.ndf.go.jp/capital/tyoplan/tyoplan_index.html。

3 Too Big to Fall，缩写为 TBTF，西方经济学的一个概念，指一些规模极大、在产业中具有关键性重要地位的企业濒临破产时，政府不能等闲视之，必须投入财力救助，以避免企业倒闭后引发巨大的连锁反应，给社会造成更严重的伤害。

4 见中国日报网：《福岛核事故灾民起诉东电和政府索赔逾 53 亿日元》，2013 年 3 月 11 日。

速破产，日本政府就要替其背上赔偿、救灾等各种沉重的包袱。在这种两难的权衡中，日本法院对福岛核灾的赔偿诉讼恐怕迟迟难有定案。由此可见，福岛核事故的赔偿问题刚刚拉开序幕，涉及的人员范围和金额极为巨大，将是持续几十年的漫长博弈。

三・与核污水的搏斗

“311”至今，核事故的处理工作之所以大大滞后，根本原因在于事故的严重程度，以及人类处理核灾难经验和能力的有限。事故处理千头万绪，尤其是由于爆炸和堆芯熔毁造成的“上冒下漏”，核泄漏问题始终严峻。在反应堆厂房放射剂量飙高的同时，反应堆建筑内不断产生的核污水，一直未能得到有效控制。如何处置越积越多的核污水，成为核灾处置的中心议题，牵涉了事故处理一线团队的大部分精力，是目前废堆工作的头号“拦路虎”。四年之后，日本政府和东电仍然必须长期面对这一巨大难题。

（一）核污水源自何处

2011 年 4 月 12 日，日本原子能安全院做出决定，将福岛第一核电站的核泄漏等级由 5 级提高到 7 级，这是核事故的最高级别。日本民众对此都非常惊慌，国际上的许多核能专家也感到错愕，因为这意味着日本政府承认福岛核灾的严重程度，已经等同于前苏联的切尔诺贝利核事故。按照国际原子能机构颁行的核与放射性事故评级体系标准，7 级核事故意味着泄漏了大量核污染，对环境及人类将造成巨大的影响和威胁。而令福岛核灾与切尔诺贝利画上等号的首要因素，正是直到今天仍然大量产生且未能得到有效控制的核污水。

福岛的核污水究竟是如何造成的呢？通过分析福岛与切尔诺贝利核事故的主要区别，其形成机制即可一目了然。核灾难的前因后果极为复杂，相互比较尤其困难。如果用最直观的语言来说明，福岛与切尔诺贝利就是“水深”与“火热”的区别。

“火热”，可以用来形容 1986 年 4 月 26 日发生的切尔诺贝利核事故。由于该核电站采用的是老式石墨慢化沸水反应堆，属于第一代核反应堆，结构设计和安全系统均不完善，既没有快速反应的自动安全系统，又没有厚重的安全壳。核事故是 4 号反应堆爆炸起火造成的，石墨慢化剂烈焰喷涌、冲天而出，大火持续燃烧了 10 天，直接向外泄漏了超过 8 吨的放射性物质。结果，核电站周围 6 万多平方公里土地受到直接污染，320 多万人受到了核辐射侵害。所以，切尔诺贝利核事故最大的污染源，是在火灾中借助大气传播的核辐射物质。在处理方法上，当反应堆火势得到控制后，立即采取混凝土构成的巨型“石棺”进行封堆，核泄漏在短期内就相对地迅速减少。

而福岛核事故的“水深”则完全不同。本章开头已经提到，福岛最严峻的情况在于1、2、3号反应堆都发生了核燃料棒严重的干烧状态，造成堆芯熔化。为了给反应堆降温，必须不断注水冷却。据东电公司在事故初期称，每天向1、2、3号机组的整体注水量约为400吨。这些冷却水被放射性物质污染后，就变成了核污水。据媒体在2015年年初对福岛第一核电站站长的采访，事故虽然已经过去四年，但仍然“必须连续不断地让水在反应堆建筑中循环以冷却燃料”。由于乏燃料棒取出工作大大延迟，堆芯燃料甚至很难确定何时能够真正开始，冷却注水工作将在未来十年长期持续。这是第一种核污水的情况。

第二种核污水的形成则更为复杂，处理起来也更为棘手。由于当年的设计选址失误，在福岛第一核电站厂房的正下方，日本阿武隈山系的地下水脉由此穿过。平均每天有高达1000吨地下水流入这个方向，其中，约600吨则恰好从厂房下方通过。据测算，这些地下水中的一半，也就是约300吨会流到反应堆建筑物地下，与高放射性物质包括第一种核污水交汇，“同流合污”后也变成了核污水。这是第二种核污水。

第三种是每天从海岸边地下抽取的约100吨高浓度核污水，这是由核电机组爆裂的基底渗透到地下的。此外还有些核污水来自于混合的雨水。日本是海洋国家，降雨充沛，每年还要经历几场台风，狂风暴雨是家常便饭。日本东北部风雨交加的场面，以往经常是画家、摄影家乐于表现的风景，但在核灾的情况下，核灾现场及周边区域刮的风、落的雨，却令人提心吊胆，成了一个必须严肃面对的生态问题[1]。上述四种核污水，分别来自地面、地下和天上，呈现出立体化、全方位的特点[2]。

目前，在福岛核灾现场，东电每天至少要处理720吨核污水，即320吨冷却水，300吨地下河水，100吨从海岸边打井汲取的污水。对于核污水，东电的措施是先用水泵抽取，储存在罐槽之类的容器中，然后通过净化，清除水中的铯等放射性物质。在储存上，采取两种方式：一种是地上储水罐，一种是地下储水槽[3]。按照原计划，地下储水槽用来储存经过处理的低浓度核污水，核污水处理设备名为ALPS，又叫“多核素去除设备”。据称这种设备可去除包括放射性铯在内的62种放射性物质，但经过多次调试，都未能达到预期效果。这样，东电每天不但要抽取数百吨新增的高浓度核污水，还要想方设法储存抽取后未经处理、越积越多的核污水。在这种与核污水的搏斗中，东电一直手忙脚乱、疲于应对，终于从2013年开始，

1　例如，2013年10月16日，由于26号强台风带来了强降雨，福岛第一核电站1到4号机组周边地面及储水罐围堰内水位急剧上升，落下的雨水混入后发生了外溢，这些雨水也变成了核污水。由于来不及把围堰内积水转移和储存，福岛第一核电站在未报日本原子能规制委员会批准的情况下，自行打开围堰阀门，将这些带有放射性物质的积水排出，总量约2400吨。

2　实际还有一种类型的核污水，即核灾现场附近被污染的海水。例如，2011年4月4日至4月9日，东电以“紧急排放”的名义向附近海域排放了至少1.15万吨核污染水，给海洋造成的污染可想而知。

3　地上储水罐每个高11米、直径12米，容量为1000吨。整个罐体为拼接型四节构造，节与节之间用螺栓固定，接缝使用橡胶密封圈，据称使用寿命为5年。地下储水槽每个长60米，宽53米，深6米，设计储存量为5.8万吨。

被迫承认多次发生大量核污水泄漏入海的情况。

（二）核污水泄漏及其背后的玄机

早在福岛核灾发生之初，就有专家大声疾呼，核污水将成为核事故处理中最大的难题。这种判断也被国际原子能机构采信，并正式转达给日本政府。2013 年 7 月去世的福岛第一核电站前站长吉田昌郎，生前也曾提出过类似警告，认为核污水处置问题至关重要，稍不注意就有可能发生 3 级、4 级甚至更严重的事故。但是直到 2013 年 8 月底之前，都没能引起日本政府的足够重视。事后的发展证明，这些警告都成了可怕的事实。

福岛核污水泄漏问题引起广泛关注，是在 2013 年夏。实际上，泄漏问题自“311”事故之初就一直存在，因为经过 9 级地震和海啸，核电站的地下管道和反应堆地下建筑都发生了不同程度的破裂，为冷却熔化的堆芯注入的水在变成高浓度核污水后，必然要顺着这些裂缝泄漏至地下与海洋。可是在“311”后两年时间里，东电对这一简单事实就是不承认。

但到了 2013 年夏，东电突然改变以往遮掩搪塞的做法。7 月 22 日，该公司公开承认，福岛第一核电站每天约有 300 吨受到污染的地下水流入大海，消息立刻引起日本国内及国际舆论一片哗然，毕竟每天 300 吨的数量实在是太大了。时隔不久，2013 年 8 月，东电再次爆出惊人消息，称发现共约 300 吨高浓度放射性污水从地上储水罐泄漏，渗入地下或流入海中[1]。由于这是福岛核事故发生以来最严重的单次泄漏，当年8月29日，日本原子能规制委员会将之评定为3级即“重大异常情况”。时任福岛县知事佐藤雄平称之为“国家非常事态”，敦促日本政府早日拿出对策。

那么，围绕核污水泄漏事故，从假装糊涂到坦白承认，东电为什么会发生这样的前后转变？这牵涉到福岛核灾后日本政府与东电之间微妙的关系。从东电公司的角度看，出于利润最大化、损失最小化的“市场本能”，它最关心的还是如何省钱，图生存、保经营，避免破产倒闭，于是一边费心营造独撑危局、苦于应付的形象[2]，一边千方百计把政府拉进来，让自己减负。而从政府角度看，“311”时执政的是民主党，作为一个新生政党，它不象自民党那样因长期执政，与核电产业的利益关系盘根错节[3]，所以才会出现菅直人那样曾公开训斥东电，并主张“废核”、“脱核”的领导人。2012年年末，自民党赢得众院选举的胜利，虽然重新执政，但当时参议院还在民主党手中，所以即使想帮助核电企业，考虑到掣肘因

---

1 当时，从泄漏污水中检出的β射线等放射性物质，活性为每公升8000万贝克勒尔。2013年8月31日，东电公司证实，在地上核污水储水罐附近的四处地点检测出高水平核辐射量，其中三处位于三座储水罐底部，另一处位于连接储水罐的管道下方。四处“热点”均测量到每小时2200毫希弗的超强辐射量，这意味着如果一个人持续4小时遭受这种强度的核辐射便会死亡。而据日本媒体披露，在8月核污水泄漏事件之前，地上储水罐至少已发生过5次泄漏事故。

2 在事故发生之初一周左右的非常时期里，民主党菅直人政权曾动用东京消防、自卫队等部门，甚至驻日美军也出动协助救援，但之后这些力量陆续撤出。

3 日本民主党成立于1996年。关于自民党、民主党与核电产业的关系，以及日本核电产业“国策民营”的二元体制问题，将在本书第三章、第四章详述。

素，也只能静待时机。

机会终于在2013年夏天来了。7月21日，日本举行参院选举，自民党获得胜利，实现了全面“恢复政权”。于是，选后第二天东电就抛出了“每天300吨核污水泄漏”的重磅炸弹。进入8月后，又一个绝佳机会来临，那就是东京申办2020年奥运会的准备工作进入冲刺阶段。随着9月投票的最后时刻临近，国际媒体开始将目光转向日本的核事故。这种背景下，2013年8月7日，日本政府召开核灾害对策本部会议，安倍表示“有关污染水问题，不能推给东电，国家要认真制定对策”。东电看到“老朋友”自民党重新掌权，又赶上“申奥机遇”，于是不再矜持。12天后，东电就再次爆出高浓度核污水泄漏的消息。

（三）安倍出手及其向世界作出的承诺

在东电坦承有核污水泄漏、首相又明确表态国家出面的情况下，日本原子能规制委员会才“严肃认真”地将2013年8月的核污水泄漏事故评定为3级核事故。这样核事故新的救灾形势就明朗了：单靠东电不可能解决问题，日本政府必须进一步介入核灾的处理工作。

2013年9月3日，日本政府再次召开核灾害对策总部会议，由安倍亲任总部长，确定了处理核污水泄漏问题的基本方针和综合对策。在这次会上，安倍表示：“（核污水处置）不能全部推给东京电力公司，政府要出面解决。将采取必要的财政措施。”安倍还强调，有关核污水的紧急对策，不同于以往的临时性、补救性举措，要成为根本对策。政府提出的方案主要有三点：一是清除污染源；二是杜绝地上水和地下水接近污染源；三是不让核污水外泄。

政府的“紧急对策”也是三条：一是从 2013 年 8 月 22 日开始，清除核电机组地下坑道内积存的高浓度核污水。二是实施一个由三部分组成的工程计划：(1) 使用“水玻璃”对污染区域的护岸地基进行改良；(2) 从 2013 年 10 月开始，用沥青进行地表铺装；(3) 继续汲取受污染的地下水。三是在阿武隈山麓一侧汲取地下水，设备据称已于 2013 年 3 月安装完毕，但启动时间待定。

“根本对策”则有四点：一是设置地下汲水井，水井位于核电机组厂房周边，当时计划在 2014 年 9 月建成。二是设置海边隔水墙，当时也计划在 2014 年 9 月建设完成。三是设置陆地隔水墙，按当时计划也是在 2014 年年内投入使用。四是配备具有更高处理效能的高浓度核污水净化设备[1]。但是，这些据称要在 2014 年取得进展或完成的“计划”，后来进展如何，均不得而知。资金方面，日本政府决定投资 470 亿日元，其中 150 亿日元用于开发核污水净化设备，320 亿日元用于设置陆地隔水墙。

在做出这些部署后，2013 年 9 月 7 日，在阿根廷首都布宜诺斯艾利斯，安倍向国际奥委会作最后陈述时作出保证，“福

1　据日本经济产业省网站：http://www.meti.go.jp/earthquake/index.html

岛核污水的影响处于控制之中”，并表示日本政府将接手解决福岛核污水问题。最终，东京如愿以偿拿下了2020年夏季奥运会的举办权。安倍政权将东京奥运作为提升日本国运的一张王牌，不仅希望借奥运之光再次激发内部活力，也力图向世界展示一个并未沦为“二流国家”的“强大日本”。但是，正是由于申奥成功，福岛也将在未来几年成为世界瞩目的焦点，与东京筹办奥运的历程形影相随。

（四）2015：治理核污水的“决战之年”？

四年弹指一挥间，福岛核灾依然面临着处理核污水、废炉、除污和赔偿的“四座大山”。

2013年9月24日，也就是东京申奥成功之后的半个月，美国核管理委员会前主席格雷戈里·贾茨科在日本外国记者协会指出，福岛的核污水“无法控制”，针对安倍在国际奥委会的表态，他说“虽然现场正在努力，但事态已经发展到无法控制的程度，特别是对地下水的污染无法控制，现在能做的只有尽量减轻损害的影响”[1]。进入2015年，日本政府介入福岛核灾的处置已经过去一年半。有关对策措施落实的情况如何？是否取得了预期的效果？日本是否放弃了对地下水污染的控制？贾茨科所希望的“尽量减轻损害”是否实现？这些问题，都要用福岛第一核电站事故现场的行动予以检验。

1　见日本共同网2013年9月24日相关报道。

总体来看，日本政府出手介入的一年多里，福岛核污水的治理工作依然处于被动应对、险情频生的状态中，2013年“治水计划”的落实情况差强人意，事故的严重程度以及当地地质状况的复杂程度，远远超出想象。据日本广播公司报道，日本官方表示“要在2015年正式展开治理污水等相关工作”[1]，这实际上以另一种方式表明，2015年将是治理核污水工作的决战之年，也可能是最后的尝试。

简要地说，日本政府及东电的核污水对策中有两项重点工作，一个是修建“冻土遮水壁”，即陆地隔水墙或称“冻土墙”；另一个是减少核污水总量，包括开动“多核素去除设备”净化核污水。两项工作顺利与否，直接决定核污水治理的进展及下一步废堆的展开。

首先来看冻土墙工程。建设冻土墙，是为了阻挡每天流入核事故现场的300吨地下水，因为如果不解决这一问题，废堆等工作就无法展开。具体的建设方法是，在福岛第一核电站1至4号机组地下，每隔1米，打入最深达30米的冷却管，让零下50度左右的冷冻剂在管道中循环，使周围的土壤冻结，阻止地下水的流动，形成不透水的围墙，计划长度达1500米，预计冻结土壤总量为7万立方米。该方案由日本大型建筑公司鹿岛公司提议，工程费将高达300亿～400亿日元[2]。自2014

1 见日本广播公司（NHK）2015年1月3日相关报道。

2 日本政府此前制订的预算为320亿日元。

年6月，冻土墙工程开始进行冻结管铺设的打洞作业，到2014年12月已经进行了1030个，正式施工计划于2015年3月开始。

但尚未施工，冻土墙的有效性已受到不少专家质疑，疑问主要来自2014年坑道止水工程失败的实践。如前所述，在三个堆芯熔化的机组中，2号机组的情况最为严重，由于燃料棒碎块已经穿透反应堆压力容器，抵达混凝土安全壳基底乃至下面土壤，所以在机组地下坑道内积存有约1.2万吨的超高浓度核污水。要建冻土墙，必须首先处理这个隐患。对此，东电的做法是先在机房与地下坑道的结合部冻结止水，然后再把坑道内的超高浓度核污水抽取上来。但截至2015年2月，地下坑道结合部因不断有地下水流入，致使核污水温度不降，无法冻结。最终东电采取了向地下坑道填埋水泥的做法，但能否完全阻挡污染水，还需要长时间验证。鉴于这一试验性施工的效果很不理想，甚至连原子能规制委员会的成员都怀疑未来大规模冻土墙的实际效果[1]。

2014年年底，日本原子能规制委员会召开会议，建议在2017年以后把经过“多核素去除设备”处理的达标水排放入海，以达到减少和控制核污水总量的目标[2]。由此可见，委员会的思路是先减后排，把宝押在了“多核素去除设备”上。但人们对

1　日本专家认为比较大的挑战，除1500米这一迄今未有的长度挑战外，还包括每天约1000吨地下水带来的诸如水压、水位的挑战。

2　见共同网2014年12月24日相关报道。

这种设备功效的期待已大打折扣。2012 年 1 月，日本媒体报道称，这种设备可以去除核污染水中 1000 种放射性物质。到了2013年秋季，媒体的报道已经改为能去除62种放射性物质。到 2015 年，又说这种设备只能去除铯，无法去除氚，而氚对动物遗传基因的影响至今“还没有详细研究”。在 2013 年 9 月申奥前后，东电曾承诺要在 2014 年度内完成全部高浓度核污水的处理，之后虽然新增了“多核素去除设备”，但由于试运转阶段故障频发，致使处理工作未能按期完成。日本政界为数不多的反核人物河野太郎对此撰文直言，“污染水处理的定义已发生变化”[1]。

进入 2015 年后，由于核事故现场出现了一名工人落入核污水储水罐死亡的事故，原子能规制委员会决定加速推进排水工作进程。2015 年 1 月，委员会批准了东电提交的排水计划，该计划许诺把核污水排放入海前，通过“多核素去除设备”将铯−137 降低到每公升 1 贝克勒尔以下。2015 年 1 月 28 日，日本全国渔业协同组合连合会（简称全渔协）会长岸宏与日本经济产业大臣宫泽洋一见面，就原子能规制委员会提出的排水方案表示愤怒。岸宏在递交的请愿书中，强烈要求在未获得渔业从业者和国民理解的情况下不要轻易向海洋排放核污水[2]。

如上所述，“多核素去除设备”几经调试，始终未达到稳

1 河野太郎是曾发表过“河野谈话”的河野洋平之子，引自其博客 http://www.tom.org/2015/02/post-1574.php.

2 中国新闻网:《日本渔业协会要求安倍政府慎重处理福岛核污水》，2015 年 1 月 28 日。

定的大规模处理核污水的设计目标，最后更多成了一种象征意义和心理安慰，在没有任何实质进展的情况下，坚持要两年后“向海洋排放净化后达标的水”，显然是东电在地面核污水储水罐不够用的情况下，把污水在所谓的净化设备中“走一圈”，然后就倾泻入海。对此，以捕鱼为生的日本渔民怎能不忧心如焚。但渔民抗议后，只是得到宫泽一句模棱两可的话：“我们将坚持这样一个方针，那就是在获得当地有关人员理解的前提下，实施核污水处理措施，但不会轻易向海洋进行排放。”在日语的语境中，这里的“不会轻易向海洋排放”，意思就是“该排放时就排放”。

由此可见，处理福岛核灾尚未找到跨越“四座大山”门路。由于日本官方对核灾处置采取“高度敏感”的态度，研究这个问题依据的大量信息，只能来自新闻媒体，但媒体同样面临许多“信息屏蔽”，所能引述的媒体信息不过是核灾真实情况的冰山一角。实际上，从日本开始有核电站运营以来，各种安全事故从来没有断过，但因为企业和监管者采取大事化小、小事化了的粉饰掩盖策略，致使社会及公众对此知之甚少。如今，面对“海上切尔诺贝利”的空前灾难，日本迫切需要放下身段，在处理核污水方面寻求突破，尽快找到有效控制局面的途径，须知，更为艰难也更为关键的废炉“险峰”还在后面等着呢。

第三章

日本离核武器究竟有多远

2014年1月，一则新闻在国际社会引起震动：美国催日本归还超过300公斤的钚。据报道，这批可用于核武器的高浓度钚，足以制造40至50枚核弹，是冷战时期美国交给日本"科学研究"用的[1]。与此同时，国际核分裂性物质专家小组的统计数据也令人大吃一惊：截至2011年末，日本通过乏燃料再处理保有的民用钚多达44.3吨，位居世界第四，用于武器足可造出5000枚核弹头。一时间世界舆论纷纷质疑，美日之间究竟有什么样的核交易，日本为何拥有这么多钚，其深度背景又是怎么回事。日本政治向来以"密室"特征闻名于世，其核政策及运作过程，更是"密室中的暗箱"，密不透风，深不可测。但如今，福岛核灾阴云未散，又突遭美国"催还"武器级核材料，日本的"核密室"终于在不期然间露出了马脚。

循此深入探究，可以发现战后日本的核战略及其实际发

1　据共同网记者太田昌克2014年1月26日的报道，称这批高浓度钚在日本归还前，一直在日本原子能研究开发机构"东海研究开发中心"的快堆临界实验设备（FCA）上运行，日本国内仅有一部此类设备，用于为快堆实验堆"常阳"、快中子增殖堆原型堆"文殊"提供实验数据。美国能源部的文献资料显示，20世纪60年代，美英两国均向日本的FCA提供了作为核燃料的钚及高浓缩铀。早在1967年，FCA已实现初次临界，具备了生产武器级核材料的能力。

展，远非只是为了解决能源匮乏、突破电力瓶颈那么单纯，其背后有着一个“核武＋核电”的双重内幕。冷战开始以来近70年间，日本众多精英人物，以上世纪50年代美国提出“和平利用核能”为契机，在和平幌子后面，始终紧盯核武禁脔，瞒天过海，暗渡陈仓，在发展核电的同时一步步推进核军事科学技术研发，形成了巨大的核武潜力。这才是日本核电诞生的秘密所在。不搞清这一点，就无法理解日本核电从哪里来，怎样发展，今后又要向哪里去。而泄露这些“天机”的引信，恰恰是惊天动地的“311”及福岛核灾。

一・从吃核弹到搞核电

日本的核武研发，始于第二次世界大战期间。早在1941年，日本陆军航空技术研究所所长安田武雄中将就委托日本核物理学的大本营——物理化学研究所的大河内正敏所长进行核弹制造研究。当时大河内手下人才济济，其中就有刚刚完成荷电粒子加速装置的仁科芳雄。由于材料、人员、研究水平等诸多限制，这一研究最终以失败告终。1945年8月6日和8月9日，美国分别将原子弹投向广岛、长崎，加速了日本的战败。日本无条件投降并被占领后，盟军总司令部全面冻结了日本的核研究，严禁日本进行一切与核相关的基础研究和应用研究，并解散了物理化学研究所的研究团队，仁科费了十年功夫建成的两个荷电粒子加速装置被美军破坏并沉入东京湾。但是，随着冷战和朝鲜战争的到来，美国很快对日本逐步解禁。可以说，冷战改变了战后日本的命运，客观上也使日本的核研发起死回生。

从冷战大幕拉开的那一天起，这场不见硝烟的战争即有一个重要看点，那就是东西方两大阵营你追我赶的核军备竞赛。美国为了把更多盟国吸收至自己阵营，在核军备竞赛的外衣上加贴了“和平利用”的奇妙标签。同时，美国还主导成立了国际原子能机构[1]，借以监控其他国家的核开发。而日本早在被占领时期，就已敏感捕捉到了“核”对大国博弈的重要影响，将此作为战后重建的一个战略契机。等到与美国等签署《旧金山和约》并恢复主权后，日本立刻启动了将“和平利用”核能上升为“国策”的进程。

（一）日美两个“等式”，相互利用、各有所图

近代以来，日本现代化的最大特点，就是面向欧美的“开国”，在开放中借力发力、实现赶超。战后日本建立核力量的策略也是如此，始终把自己紧紧地和美国为首的西方国家捆绑在一起。20 世纪 50 年代，是日本核政策的起始阶段。其主题基本上由两个等式构成：第一个等式是美国人设计的，可以叫

1 国际原子能机构 (IAEA)，1954 年由联大通过决议设立并于 1957 年正式成立，首任总干事斯特林 · 科尔即美国人。

做“美国等式”，即对核武器生产能力的转移等于核能的“和平利用”，借此既可通过出口核技术发财又有助于平息日本民众对核武的憎恶和恐惧；第二个等式是日本的算盘，可称为“日本等式”，即核能的“和平利用”等于积累开发核武的潜力，借此既可成为具有核武能力的主导性大国又可增加与美国讨价还价的能力。

“美国等式”基于两点考虑。一方面，是冷战时期意识形态对抗的需要，就是要在与苏联阵营的竞争中抢占道义制高点。1949 年和 1953 年，苏联先后成功试爆了原子弹和氢弹，美国的核垄断被打破了。更令美国人不安的是苏联进步的速度。第一轮原子弹竞争时，苏联用了四年才赶上。而第二轮的氢弹竞争，苏联仅用了九个月就追了上来，这表明美苏之间核能力的差距在迅速缩小。[1] 在这种情况下，接替杜鲁门上台执政的共和党人总统艾森豪威尔决定调整以往的核政策，1953 年 12 月，艾森豪威尔在联合国大会上率先提出“和平利用核能”[2] 的口号。美国在联合国讲坛上打出“和平”旗号，意识形态宣传战味道浓厚，站上道义制高点，将苏联人的军，并借以洗白自身作为世界上唯一在实战中使用过原子弹国家的“原罪”。但艾森豪威尔在此次演说中也传达了一个前所未有的信息，那就

1　1949 年 9 月，苏联造出原子弹的消息震撼了美国。杜鲁门于 1950 年 1 月 31 日下令进行破坏力远远超过原子弹的氢弹研究，想以此保住对苏联的军事优势。1952 年 11 月 1 日，美国的氢弹试验获得成功，但苏联在 1953 年 8 月也成功地进行了氢弹爆炸。

2　1953 年 12 月，艾森豪威尔在联合国大会上发表了题为《用于和平的原子能》（*atoms for peace*）的演讲。

是美国要“帮助无核国家获得和平利用核能的技术”。

另一方面，“美国等式”后面有着美国产业利益的强劲推动。为在核军备竞赛中压倒对手，就要不断提高核武器的射程、弹头当量、打击目标的精确程度等一系列技术水平，进而需要对各种类型的核武器进行频繁试验和大量生产，结果，美国核武器技术日趋精进，生产能力也迅速提高，产出的核武器材料大大超出装备核弹头的需要。而且，当时美国多个权威智库研究认为，只要从源头把关，受援盟国就无法越过从核电到核弹的门槛，美国就能牢牢地把“核钥匙”握在自己手里。从这个意义上来说，艾森豪威尔“和平利用核能”说辞并不纯然是空洞的宣传，而是代表着军产利益集团向外开拓市场的强烈愿望：用“和平利用核能”开路，兜售核电设备及相关技术，把美国企业越来越多的剩余“核产能”卖出去。

相比之下，“日本等式”最根本的原动力还在于要复活因战败而夭折的核弹梦与核大国梦。可以说，在日本，从始至终，“和平利用核能”与开发核武器就是一个硬币的两面。日本从“和平利用”切入来积聚自己的核力量，是从其实际出发的无奈和务实之举。作为罪恶昭彰的战败国，它只能根据当时的政治风向，将其核武梦想包裹在“和平利用核能”的外衣之下，因为直接开发核武器肯定为国际社会包括美国老大哥所不容。而借着“和平利用”的幌子，就可以用发展核电以解决能源问题的理由，名正言顺地进行“铀浓缩”或通过“乏燃料再处理”而提取武器级的钚，这样发展下去，拥有自己的核弹也就水到渠成了。

那么，“美国等式”与“日本等式”又是怎样建立起来联系的呢？在对大量相关历史文献反复分析、研究解读之后，可以发现，最初美国虽向盟友抛出了“和平利用核能”的橄榄枝，但对与日本这个昔日敌国进行“核合作”并没有特别的兴趣。换言之，在战后初期日本发展核能的问题上，美国并未采取主动，而是日本迫不及待去贴上并利用美国。实际上，当时日本国内主张“和平利用核能”的，不仅有那些内心深处算计着通过核能发展核武的右翼政客，也有对社会主义抱有共鸣的中左人士。这种左右两翼都支持核能的精英基础，既与战争中“超党派”的法西斯政治组织大政翼赞会一脉相承，更是明治维新以来“国益第一”精英政治传统的延续。与政治精英超越党派和政争、不分左右一致“拥核”的情势相比，学界和民众对于日本涉水“核能”的反应则不尽相同，有的表示强烈反对，喊出了“不要重复广岛、长崎悲剧”的口号，但也有很多日本人用相反的因果逻辑，把这个问题扭转为“正因为有广岛、长崎悲剧，所以日本才要有自己的核力量”。日本当时的主流媒体如《读卖新闻》、《朝日新闻》等都介入了这一社会舆论过程，核能政策成为这一时期日本重构社会体系不可忽略的因素。

为了把“日本等式”与“美国等式”天衣无缝地对接起来，日本各派精英作了周密的运筹和准备。政界、经济界、科学界、文化界和新闻媒体、反核社会群体等力量，都参与了日本核能政策及核能体制的初创和塑造，不仅内部热烈互动，对外也与美国密切勾连，既有不计条件的“拿来主义”，也有很多桌子底下的讨价还价。回望20世纪50年代，年轻政客中曾根康弘与媒体大佬正力松太郎，堪称日本两位最重要的“核推手”，他们费尽心机、纵横捭阖的开创性工作，是日本核能政策、核能体制奠基过程的缩影。

（二）中曾根康弘主张重新武装，立志拥核

中曾根康弘的政治生涯始于1941年，这一年他进入内务省工作，之后加入海军，1945年日本战败时，年轻的中曾根是一名海军大尉。据其本人所言，他与核的结缘应该归功于他的岳父——物理学博士小林仪一。小林是一位地质物理学家，虽然与核研究有些距离，但中曾根毕竟从中获得不少关于核的启蒙教育。中曾根对日本受到原子弹轰炸的遭遇刻骨铭心，在其回忆录《政治与人生》中曾颇为煽情地写道：直到现在，那白色蘑菇云的映像还浮现在我眼前。那时的刺激，是我日后为核能的和平利用奔走的动机之一[1]。战后，日本内务省撤销，但中曾根投身政界的志向不减，在1947年4月的众院选举中以坚决反共为竞选口号而当选，在议会中主张制定自主宪法、实现日本的重新武装。

1950年朝鲜战争爆发后，长袖善舞的中曾根，因其强烈

1 但日本学者怀疑中曾根这个回忆的真实性，因为广岛核爆时，中曾根所处的高松市并没有看到白色蘑菇云的记录。见山冈淳一郎：《核电与权力》，筑摩新书2011年版。

的反共色彩，与盟军总司令部统管谍报、保安和审查工作的参谋二部建立了联系。当时，参谋二部以编撰战史为由，任用二战日军的参谋本部作战科科长服部卓四郎等旧陆海军参谋人员[1]，成立了历史科。作为曾经的海军上尉，中曾根与这些人联系热络。后来中曾根又与隶属参谋二部的对敌谍报部队建立了很好的“工作关系”，搭上了和驻日美军的关系。

1951 年 1 月，为交涉缔结《旧金山和约》事宜，杜勒斯作为美国特使第二次来到日本。中曾根向杜勒斯献上了一份《为和平条约而呈交杜勒斯特使的希望事项》。这份建议性文件，是中曾根向华盛顿的表忠献策，也是为了与美国更核心的政治势力建立关系的见面礼。其中，中曾根提到希望允许日本恢复包括核科学在内的科学研究的自由和恢复民间航空营运。据中曾根本人回忆，杜勒斯对这两个建议表现出“特别的关心”[2]。

1952 年 4 月《旧金山和约》正式生效后，美国对日本的核研究也随之解禁。那时，日本核问题的主导权还在学界手中。而此时日本政府所属关于科学领域重大事项的最高审议机构——“日本学术会议”[3]，对未来核政策却出现了很大分歧。

1　参见刘世龙：《美日关系 1791-2001》，世界知识出版社 2003 年。

2　见中曾根康弘：《政治与人生》，王晓梅译，东方出版社 2008 年。

3　1949 年 1 月根据《日本学术会议法》成立，由日本学术界代表人物组成，任务是协调学术研究合作，提高科研水平，将成果运用到行政决策、产业及国民生活中。机构分 7 个学部，由各部选出 30 名委员，组成 210 人的学术委员会，任期 3 年，会长、副会长从委员中选举产生。

总体上看，日本对科学的研究热情一直未曾消减，战后包括左翼自由主义知识分子在内的知识界都依然坚信科学技术是现代化的根本动力。此外，由于曾经有过被占领军破坏荷电粒子加速装置、严禁一切核研究的痛苦经历，日本科学家对进行核研究更具有一种如饥似渴的愿望。但是，随着日本重启核研究的前景越来越现实，学界内部反而出现了意见分化。矛盾主要集中在三个方面：第一，为什么研究？第二，研究什么？第三，谁掌握研究的主导权？围绕这些问题，被称为“学者国会”的日本学术会议形成了两个阵营，一个是以时任副会长茅诚司、大阪大学教授伏见康治为代表的亲政府派，与盟军总司令部、吉田茂内阁关系紧密，在冷战以及日本“再军备”[1]的大背景下思考日本核研究方向，主张仿效美国体制，成立原子能委员会主导日本的核能研究。另一个阵营是以武谷三男、三村刚昂为代表的学者派，三村本人曾经遭受过广岛核弹之害，虽然认同重启核研究，但在朝鲜战争、《旧金山和约》生效、成立警察预备队、创设保安队等一系列现实问题上都持警惕态度，担心日本的核研究被纳入冷战背景下美国的军事战略。而且他们尤其反对建立美国式的原子能委员会，认为这一组织以国家安全保障的名义，扼制学术自由，最终导致秘密政治、官僚主义横行[2]。

1　此为日语表达，意即重新武装。

2　吉冈齐：《原子能的社会史：日本的过程》，朝日选书 1999 年版。

1952年4月20日，即《旧金山和约》生效前一周，《读卖新闻》的一篇报道加重了日本学者的担心。该报道称，政府指令以生产武器、重新武装为目标，设立科学技术厅。紧接着，1952年5月，《日本产业协议会月报》发表前田正男[1]的文章，开头即提到战败之初铃木总理的观点，即日本是“败在科学上”，为了谋求重建，必须“振兴科学”。该文主张按照美国模式成立科学技术行政机构，统筹官民各方的军事研究。按照前田的设想，科学技术厅之下将特设一个附属机构——中央科学技术特别研究所。之后，前田将正式形成的方案端上日本学术会议讨论时，学者们才知道这个研究所的“特别”之处：它将专门从事包括核武器在内的新科技武器、核动力以及航空器等的研究。

在日本遭核弹轰炸不到七年、恢复独立不到两个月时，一条“科学技术＝重新武装＝核武研究”的道路就由政治高层拟定，并交由学术界寻求认同。这对于经历过广岛、长崎之痛，又可能要亲手造出核弹的日本物理学家们来说无疑是极为沉重、艰难的选择。1952年10月日本学术会议召开全体大会，会上三村刚昂结合自己亲历原子弹轰炸的慷慨陈词引起很多科学家的共鸣，最终反对意见占据上风，致使在之后约一年半，

1　前田正男的养父为原日本陆军中将前田正实（1892-1953）。前田正男于1947年以无党派所属身份当选议员，后加入自由民主党，1973年任三木武夫内阁的科学技术厅长官。

日本学术会议没能再继续讨论核能研究问题[1]。

对于因陷入分裂而使未来日本核政策搁浅的科学界，中曾根又急又气。他也曾找到茅诚司商讨对策，但无计可施。在这样的僵局中，1953 年 7 月至 11 月，中曾根受邀访美。邀请他的就是盟军总司令部参谋二部下属对敌谍报部队的“老朋友”哥尔顿。其间，中曾根受邀参加了年轻的基辛格在哈佛大学举办的夏季讲座。中曾根很认同基辛格的“实力均衡”[2]理论，表示为了抗衡苏联和中国等共产党国家崛起，维护远东稳定，日本应该在美国的扶持下重新武装。此外，中曾根也对基辛格提出的运用战术核武器开展有限核战争的观点深为信服。据当时在哥伦比亚大学留学的日本核专家山本英雄回忆，中曾根在美拜访他时“对核武器，尤其是开发小型核武器抱有特别的兴趣。中曾根是主张日本重新武装的，也许他考虑将来日本有必要拥有核武器”。

在美期间，中曾根还拜访了当时在加利福尼亚大学访学的日本核专家嵯峨根辽吉。嵯峨带着中曾根参观了伯克利的劳伦斯原子研究所，见到了该所所长、美国氢弹开发项目的重要人物阿内斯特·劳伦斯。中曾根向嵯峨征询未来日本的核能研究，嵯峨提出了三条原则性意见：第一，确立为长期的国策。第二，通过法律、预算等手段清楚地表明国家意志和支持性态

---

1 山冈淳一郎：《原子能与权力》，筑摩新书 2011 年版。
2 英文为 Balance of Power，也译作“力量均势”论。

度，确保研究能够长期稳定地进行下去。第三，采取措施集结第一流的学者。

中曾根对嵯峨根辽吉非常尊崇。这首先是因为嵯峨不同寻常的出身背景。嵯峨的父亲是日本物理学之父长冈半太郎，战时主导日本核弹研究的仁科芳雄就是长冈的门下弟子。嵯峨本人也是仁科研究团队的一员，因此他对于日本核物理学界的方方面面，包括学界内部盘根错节的人脉关系都了解甚深。其次是由于嵯峨此时不同寻常的身份。从 1948 年起，日本国内修改《原子能法》、放松原子能管控的呼声越来越高，美国渐渐调整了此前全面禁止日本核研究的做法，开始邀请日本核科学家赴美，嵯峨就是在 1949 年以东大教授身份赴美进行访问研究的。从他带着中曾根参观劳伦斯原子研究所的情况看，在 20 世纪 50 年代初，嵯峨已是推动日美核合作的重要人物。再次，嵯峨主张日本“自主”发展核能。赴美之前他曾在日本发表文章，称日本的核发展不应满足于完全从外国引进，应该确立国家政策，由日本的学界和产业界“亲自体验”。这种主张堪称日本核发展“国家意志论”与“国策论”的雏形。最后也是最重要的一点，是嵯峨“国家意志论”的重要启示，使中曾根立志以自己的政治意志战胜陷于争论的学界，夺回核问题的主导权，打开日本核研发事业的僵局，后来他在回忆录中写道：“再也不能（把核项目）委托给被左翼学者掌控的‘学术会议’了。必须承担起政治责任，通过国家的预算和立法打开局面。”[1]总之，此次美国游访对中曾根触动极大，对嵯峨的拜访尤其重要，中曾根对他的三点建议牢记在心并成为政治信条，日后深深影响了日本核政策与核战略的确定。

（三）正力松太郎发展广电通讯网，顺手推核

正力松太郎则是另一个为日本“核”起了巨大推动作用的重要人物。如果说中曾根康弘是从政治、军事、立法等战略层面谋求日本核事业的重生，那么，正力松太郎的贡献则主要体现在为日本的核发展营造舆论氛围、确立产业体系等方面。正力在日本有“电视之父”和“原子能之父”之称，这两样风马牛不相及的东西能够统一起来，本身就说明很大的偶然性。正力是以《读卖新闻》、日本电视网一把手的身份，在进一步做大自己媒体蛋糕的过程中，得到了一个进军核能源，进而开辟政治新领地的机遇。可以说，中曾根始终对核孜孜以求，是要在“和平利用核能”的包装下实现日本核武装野心的政治人物，而正力则更多看中的是核能蕴含着无限商机，并要用开创核能产业作为跳板，实现其追逐政治权力的欲望。正力的人生巅峰，是出任日本首届原子能委员会委员长和科学技术厅长官，而这些政治红利的斩获，都与他意欲发展广播电视通讯网，后来被迫在政治上投靠鸠山一郎，以及大力协助化解“比基尼事件”引发的日美外交危机有关。

1　见中曾根康弘：《政治与人生》，王晓梅译，东方出版社 2008 年。

日本战败后，身为读卖新闻社社长的正力也曾作为战犯受到整肃。冷战和朝鲜战争开始后，美国对日占领政策转向，正力被免于起诉。出狱后的正力又回到读卖新闻社，谋求东山再起。此时美国已明确要将日本打造成反共堡垒，中央情报局计划在远东建设一个包括电视在内的国际通讯微波网络，开展反苏反共的信息战、心理战。正力看到这个形势，自认为作为铁杆反共分子，手中又有一份大报，对美国有利用价值，所以就指使手下干将柴田秀利与华盛顿接触，争取在美国的庇护下创设“日本电视放送网”，计划在初期阶段使之与驻日美军的雷达、航空管制系统连接，后期阶段与亚洲各地的相应网点连接，形成一个以日本为中心，覆盖远东的军民两用通讯网。1953 年 3 月，柴田赴美进行公关，广泛交往游说，交涉从美国获得 1000 万美元贷款的事宜。由于感到正力可用，美国防部承诺向美国进出口银行就提供贷款进行推荐，中央情报局也答应予以策应，并把正力松太郎、柴田秀利作为重要联络人，分别给他们起了代号，正力叫 Podam，柴田叫 Poharut。[1]

但是这一构想在日本国内却遇到阻力，时任首相吉田茂态度消极。正力急于推进通信网建设，看到吉田茂不给力，转而投靠吉田茂的政敌鸠山一郎，吉田茂被惹怒并开始报复，甚至用匿名诬告信的手法阻止美国的贷款项目，使其无法在国内获得批准，美国也开始在援助正力微波通讯网建设

1 见有马哲夫:《核电 · 正力 · CIA》，新潮社 2008 年版。

上打退堂鼓。正力由此与吉田茂彻底闹翻，转而通过读卖新闻舆论平台发起“打倒吉田茂”运动，鸠山则看重正力手中的舆论力量，许诺在拉下吉田茂、自己成为首相后给正力一个大臣的位子。

此时的正力已年近七旬，虽然连个议员都不是，但他在日本商界的外号是“巨怪”[1]，绝非浪得虚名。这位 68 岁老人愈挫愈勇，他不能忘记对通讯网计划，吉田茂有一次带着几分挑衅意味曾亲口对他讲，“不当上总理大臣你就甭想搞成什么通讯网”。所以从鸠山许诺让他当大臣起，正力已经悄悄做起了首相梦。他的信念是：为了实现短波通讯网，必须投身政界，并争取成为首相；而为了当上首相，就必须积累更多的资源，特别是产业资源。抱有这种逻辑的正力，1954 年迎来了他的转运之年，而带给他契机的，正是美国总统艾森豪威尔提出的“和平利用核能”。

为创设“日本电视放送网”，正力与美国政界尤其是共和党中的一些大人物建立了关系，其中有美国参议院外交委员会顾问亨利·豪尔舒森和威廉姆·豪尔斯蒂德，这两位资深政客又将正力与核联系到了一起。豪尔舒森与参院核能委员会委员长路易斯·斯特劳斯相识，豪尔斯蒂德则与核能相关企业通用动力公司的副总裁是大学时的同窗好友。鉴于核能贸易蕴含着巨大商机，此时美国政商两界都在“朋友圈”中寻找可以把核

1 见佐野真一：《巨怪传》，文春文库 2000 年版。

能卖给日本的合适人选。现在，朋友的朋友出现了，这就是正力松太郎。在美国人看来，要让吃过原子弹苦头的日本接受“和平利用核能”的理念，首先需要营造社会舆论，通过大众传播媒体为恐核心理“消毒”，而亲美反共的正力是最合适的人选，因为他拥有读卖新闻这个影响巨大的舆论平台，而且正力此前的表现已显示出这方面的能量，汤川秀树[1]获得诺贝尔物理学奖后，《读卖新闻》报道的一个重要角度就是汤川获奖是因为得到了美国的帮助，随后读卖新闻社还设立了汤川奖学基金。美国从中看到，读卖这个日本媒体旗舰对培养日本民众的亲美感情很有帮助。

1954 年 1 月，美国国务院向日本政府发去一份介绍核电经济意义的文件。与此相呼应，《读卖新闻》也开始刊登和平利用原子能的大型连载，在日本产生很大影响。但两个月后，却发生了逆转性的“比基尼事件”[2]。1954 年 3 月 1 日，美国在太平洋马绍尔群岛北端的比基尼岛附近试爆氢弹，在公海航行的日本渔船“第五福龙丸号”遭受了核辐射，23 名渔民均出现不同程度的核辐射症状。消息传来，虽然当时日本人食品的动物蛋白主要来自水产品，但日本民众担心鱼类受到辐射而出现恐慌，鱼类的出货量下降了一半，大量海产品被废弃。

民众的恐慌很快传染到国会，在野的社会党议员在国会

1 汤川秀树是介子的发现者和介子理论的奠基人之一，1949 年成为日本首位诺贝尔奖得主。

2 亦称“第五福龙丸事件”。

中对此揪住不放，强烈批评美国进行氢弹试验及对事件推诿责任、救助日本伤员态度消极的做法。很快，批评的焦点又转到美国在日本部署核武器问题上，担心日本会被卷入美苏之间的核战争。国会的争论又进一步加剧了日本民众的愤怒，市民运动开始登上舞台。1954 年 5 月 9 日，东京市民团体发起反美反氢弹运动，很快就蔓延到大阪、京都等地，征集到的抗议签名多达 3000 万个。这场战后日本最大规模的反美运动，对通过“和平利用核能”在日开拓核电市场的计划无疑兜头泼了一盆冷水，因此也震撼了美国。美国务院、驻日使馆、远东军司令部、中央情报局经过密集磋商研究，决定进一步接近正力，通过他使反核反美运动降温。而正力也没有让美国失望，他提出要“以毒攻毒”，通过大力宣扬“和平利用核能”，让核的“光明面”抵消核武器的阴影。

继 1954 年 8 月在东京举行原子能展览会之后[1]，1955 年在正力的运筹下，通过邀请美国“和平利用核能使节团”访日和在东京及日本各地举办“和平利用核能博览会”两个重大标志性活动，美国人想办的两件事——化解日本社会的反美反核舆论浪潮及在日本打开“和平利用核能”大门，都取得了超乎想象的进展。1955 年 5 月访日的“和平利用核能使节团”团长霍普金斯 · 劳伦斯在多次演讲中反复强调，“核的和平利用，

1 出于为核“消毒”的思路，正力把“比基尼事件”中的受害船只“第五福龙丸号”都运到了展览会场。

将给我们带来无限美好的未来”，言简意赅但却触动了战后日本人普遍求变求富的渴望之心。11 月开始的“和平利用核能博览会”，六周内共吸引三百多万观众，随后又赴日本 11 个地方巡展。经过这番声势浩大的洗礼，很多日本人心头的“核阴影”被“和平利用核能”的光明驱散，就连广岛原子弹灾难资料馆，都专辟展厅展示“和平利用核能”的美好前景。“和平利用”成为舆论潮流，日本要迈向核能社会的观念显得深入人心。

二・为日本“核”打造发展平台

几乎与“比基尼事件”同时，另一件以突然袭击方式做成的大事，也对日本的核发展具有奠基性的重要意义。这就是在“比基尼事件”发生后的第三天，由中曾根康弘主导的原子能预算案。预算事关核发展的经济基础和物质条件，当初若没有中曾根神机妙算鼓捣出“第一桶金”，日本的核历史或许将是另一番模样。接下来，经过正力松太郎的多方推动，日本核发展开始启动，并走向了“国策民营”的道路。

(一) 瞒天过海，用钞票奠定日本“核”地基

艾森豪威尔发表“和平利用核能”演讲后，日本立即闻风而动。1954 年 1 月，为了构建日本的防卫产业，经团联会

长石川一郎乘坐日本航空首发的赴美航班飞往美国。与石川同行的，是战争期间曾担任三菱重工社长的乡古洁。乡古一度也曾被认定为战犯，1946 年 4 月获释。朝鲜战争爆发后，他担任兵器生产合作协会[1]会长，之后历任运输省航空审议会会长、经团联防卫生产委员会委员长。在美期间，他们步中曾根后尘，也拜访了嵯峨根辽吉和劳伦斯原子研究所，日本产业界领袖对发展核能及相关的“防卫产业”产生了极大的兴趣。

1954 年 2 月，艾森豪威尔再次发表谈话，提出要通过与盟国及友好国家签订两国间协定，实施核能信息交换，帮助美国企业进入国外核电市场，同时加强核物质特别是核武材料监管的国际合作。美国总统不断在核能开放一事上开口子，令中曾根等人大喜过望。机不可失，日本方面立刻开始着手酝酿核能预算案。由于害怕走漏风声，最后确定由中曾根康弘、稻叶修、川崎秀二等人秘密起草预算草案。

这个法案的起草及后来的审议过程究竟有多么玄妙，只要看看当时一个惊心动魄的“时间差”，即可一目了然。上面提到，1954 年 3 月 1 日凌晨发生了“比基尼事件”，两天后日本报纸爆出消息，称这是美国秘密进行氢弹试验所导致的。这种突变，对正在拟制原子能预算法案的中曾根等政客来说，无异于晴天霹雳。按照常理，一般都会连叹倒霉、知难而退，至少也要为避风头而缓办。但此时偏偏遇到了中曾根这样意志坚

1 日本兵器工业会的前身。

定的政治人物，知其不可而为之，一定要闯关通过。

1954年3月2日，日本的第一个原子能预算突然被提交国会，其中反应堆建造费2.35亿，铀资源调查费1500万，核能相关材料费1000万，共计2.6亿日元。这个预算并不是基于严密计算的结果，而是带有强烈的象征性意义。如反应堆建造费的2.35亿来自于制造原子弹的“铀235”，按照一亿日本人每人2.35日元，得出了2.35亿元日元的数字。而更令人惊奇的是，这一预算案仅仅经过一天的“审议”，在没有任何争议的情况下，一天之后即于1954年3月4日获得国会通过。中曾根初步实现了让各个政党超越政争一致“拥核”的“超党派”政治理想。

这个时间节点，离艾森豪威尔在联大提出“和平利用核能”只不过三个月多一点，离其表态愿意同他国进行核能技术交流合作的谈话仅仅半个月。更为关键的是，它是在“比基尼事件”发生后第3天完成的。如果中曾根等提出的这项预算案再晚一点进入国会议程，势必会由于“比基尼事件”引发的反美反核浪潮延宕搁置，甚至成为废案也未可知。

关于这个原子能预算案为什么这么急，这么准，时间节点“抢”得这么神，日本学界多年来议论纷纷，质疑“这仅仅是偶然的吗”，而且大多认为其中确实大有文章，是多方面“政治密室”谋划的结果[1]。这些猜测当然不是空穴来风，中曾根与

1 见山冈淳一郎：《核电与权力》，筑摩新书2011年版。

日本旧军人、盟军总司令部、参谋二部及其属下的对敌谍报部队都有非同一般的沟通渠道，而美国对战后日本政治、军事的影响世人皆知，他们在“比基尼事件”与预算案提出之间这一两天中有着怎样紧锣密鼓的联系、勾兑和互动，直到今天仍处于黑箱状态，但随着有关历史档案和文献的解密，中曾根制造的这个“原子能预算神话”背后，应会曝出更多难以想象的故事。

这项闪电般通过的原子能预算，还有一个令人瞠目的细节，那就是在预算案中对核能的“和平利用”竟只字未提。在向众议院作的说明中，“一开始即从当前的军事状况谈起，称有必要将核能预算提上议程，以了解核武器，并掌握使用它的能力。”改进党议员小山仓之助的发言更是直言不讳，“近代武器的发展日新月异。要使用这样的武器必须具备相当的知识和能力。……日本也要对新武器特别是现在正在处于制造过程中的核武器进行了解，而且还必须掌握使用这些武器的能力。”[1] 由此可见日本国会当时批准这项预算案的逻辑起点：面向未来，日本必须了解和掌握核武，为此必须引入和建设核反应堆。

政客们的雷厉风行令学界措手不及。1954 年 3 月 3 日东京的一个宾馆里，日本学术会议正在举行主题为新能源与核能的研讨会，当天的演讲人有东大校长茅诚司、朝日新闻调查研

1 见山冈淳一郎:《核电与权力》，筑摩新书 2011 年版。

究室主任田中慎次郎等。会议期间他们得到原子能预算案已提交国会的消息，无不大惊失色，因为这意味着日本未来核发展的主导权将掌握在政客们手中。演讲会一结束，学者们就匆忙赶往国会，找到中曾根等人。听到茅诚司等表示学界尚未统一意见、不应立刻开始核能研发时，中曾根立刻反驳说：学者们磨磨蹭蹭，现在就是要用钞票打学者的脸，让他们早点觉醒。

原子能预算获得通过后，《每日新闻》的报道难掩惊愕："原子能预算突然通过，惊诧的学界齐声反对。"茅诚司在接受采访时表示确实很吃惊，不知里面是否有政治性的谋划。他表示这次是学界被政治家抢了先，将在日本学术会议上讨论是否接受该预算。这无疑是典型的书生气"马后炮"。

中曾根通过政治运筹，不仅用预算案打开了日本核能利用的道路，而且从学界手中夺取了"核"发展的主导权。眼见被中曾根抢了先，"被钞票打醒"的日本学术会议，以武谷三男论文中的理念为基础[1]，在1954年4月23日通过了《拒绝进行核武器研究的原子能研究三原则》的决定，希望以"民主、自主、公开"的三原则作为和平利用核能的指针，防止政府的核能政策走向危险的方向。[2]但学者们的决议，根本就没被政客们当回事。日本政府的核政策从一开始就与"民主"、"公开"

---

1 武谷是参与日本战时核武器研究的物理学家，也是日本最早提出核能开发利用的科学家。1950年末他开始撰写题为《核能》的著作，1952年又在《改造》杂志上撰文《日本核能研究的方向》，提出了后来日本核能利用"民主、自主、公开"三原则的理念雏形。

2 反对核开发之会：《隐蔽核武装的日本》，影书房2013年版。

背道而驰，中曾根用“密室”的突袭手法完成了预算案的国会审议，使其具有法律效力，同时还把学界这个“自主”核研发的主体甩在一旁。所以，“原子能和平利用三原则”从诞生之日就是一纸空文。但讽刺的是，每当遇到对日本核电背后有核武潜力的质疑时，日本政客常常会拿出“三原则”来搪塞一番。曾为“和平利用”奔走呼号的日本学界，只是为政客们提供了一块遮羞布而已。

有了国会发放的“通行证”，日本政府立即大张旗鼓开始行动。1954 年 11 月，日本首相吉田茂访问美国，在与艾森豪威尔发表的共同声明中，和平利用核能被推向“将为日本和世界创造巨大价值”的高度。同时，美国向日本提供了 20 万页的原子能相关文献[1]。1955 年 6 月 21 日，两国草签《日美原子能研究协定》[2]。日本的“核”事业由此启航，战后日本的政治、经济和社会发生了一个重大转折。

（二）中曾根立法，突出国策

在通过原子能预算案，并与美国签署了原子能研究协定后，日本面临的下一步课题，就是启动相关的立法及机构建设。这一次，中曾根等人还是运用了原子能预算案审议时的政治手法——超党派，但是在核技术、核设施、核燃料的引进对

1 见太田昌克：《核时代的死角》，共同网。

2 日美正式签订原子能研究协定的时间为 1955 年 11 月 4 日。

象上，却暗含了一个重要变化，那就是“脱美国”，即强调日本作为一个已经恢复主权的国家，应扩大合作范围，与美国之外的国家建立核合作。因为按照日美原子能研究协定，日本的研究用核原料由美国提供，也由美国全程监管，这就意味着日本在核燃料、乏燃料后处理、最终的核废弃物处置方面要完全依赖美国。对此，既要核电更要核武的日本政治家当然不能忍受，但因刚刚起步，也只能忍气吞声，同时寻找机会另辟蹊径，一点一滴地测试美国的底线。而美国则认为日本的核发展完全握在自己的手心，可以随时操控和敲打，所以对日本此时的小动作也睁一只眼闭一只眼。

1955 年 8 月 8 日至 20 日，联合国在瑞士日内瓦召开和平利用原子能国际会议，日本也派代表正式参会。日本代表由政府、学界和国会三方面组成，其中代表国会的是四名众议员：中曾根康弘（民主党）、志村茂治（左派社会党）、前田正男（自由党）、松前重义（右派社会党），这个超党派的四大政党组合队，成员都是日后强力推进日本核能体制的领路人。在这次会议上，比起以往讳莫如深的做法，美、苏、英、法、加拿大等国家都公开展示了先进的核研究成果，对核反应堆计划、核发电炉构造都作了详细介绍。没有什么可以介绍的日本代表团受到了极大刺激。

会议结束后，四位日本议员又用三周的时间，相继访问了法国、英国、美国、加拿大。考察的目的很明确，一是参观各国的核设施，二是借鉴各国的立法经验，为日本的原子能立法做准备。1955年9月12日，日本议员团在羽田机场发表了共同声明：

此次出席在日内瓦召开的和平利用原子能国际会议，并且调查了各国的实际应用情况，深感在一些具有实力的国家，和平利用原子能已取得广泛而深远的发展。为了不在原子能时代落后于世界，我等一致同意按照以下纲要，迅速确立强有力的政策方案。

（1）以超党派的形式确立、推进原子能的长期发展计划，不使之进入政争的范畴。

（2）尽快制定相当于综合基本法的原子能法，在严守和平利用及日本学术会议三原则的同时，对资源、燃料、技术的国家管理，以及安全保障、教育培养技术人员、国际合作等事项作出规定。

（3）在机构设置上，在国会设立与科学技术相关的常任委员会，在政府内设立科学技术行政机构，推进科学技术及原子能和平利用的发展。与此同时，成立两家公共社团组织，负责和平利用的开发、研究和采矿精炼，使其发展成具有广泛融合官民科学技术合作能力的，具有高度灵活性的组织。原子能研究所并入开发研究公社。

（4）在国际合作方面，与所有国家进行积极的研究及开发合作。在未来将要成立的联合国原子能和平利用机构中，考虑到我国的特殊情况，要确保强有力的话语权。

（5）当前的建设计划是，在成立综合性研究所的同时，在三年内至少完成两个以上的实验炉以及目前计划中的一号炉，根据进展情况着手建设发电用实验炉。

确保三年内用于以上内容及综合基础研究的经费为300亿日元左右。

之所以不厌其详地引述这一声明，是因为其中有三点值得关注。一是提出核资源、核燃料、核技术的国家管理，这是日后日本核能“国策”的起点。二是安全保障，这里面无疑包含着军事利用方面的考量。三是与所有国家积极合作，这一条的提出，包含了针对美国的意味。当时美国虽向日本伸出“和平利用核能”的橄榄枝，但主观上并不愿意在扶持日本发展核能方面走得太快，毕竟两国有着广岛、长崎原子弹爆炸的深仇。对此日本心知肚明，于是也流露出既利用美国的“和平利用”口号，又并非仅靠美国的“脱美”端倪，这在日本引进首个商用发电反应堆的选择上就体现无遗，也为日后美国加强对日控制埋下了伏笔。

无论如何，从上面的声明可以看出，经过此番考察和夜以继日的反复讨论，中曾根等人对于未来日本核立法及核体制的框架已成竹在胸[1]。以这四位议员为中心，日本很快就成立了超党派的原子能合作委员会，中曾根任委员长。1955年秋，

1 藤田佑幸:《战后日本核政策史》，见《隐蔽核武的日本》，影书房2013年。

他们在一个半月的时间里，以议员立法的方式一举制定了《原子能基本法》、《原子能委员会设置法》、《核原料物质开发促进法》、《原子能研究所法》、《原子能燃料公社法》、《放射线损害预防法》等八部法律草案，搭建了一个基本完整的法律体系。为防夜长梦多，委员会决定选取最重要的三部法律草案交临时国会审议。1955 年 12 月 16 日，日本国会通过了《原子能基本法》、《原子能委员会设置法》、《总理府措置法部分修正案》，这就是日本的“原子能三法”。

在这个过程中，中曾根再次表现出高超的政治运筹协调能力，如最重要的《原子能基本法》采用了由自民党、社会党两党全体共 421 名议员联合提案的议员立法形式。按照国会议事规则，“议员立法”的法案不需要政府答辩和议会辩论环节，所以能够以非常快的速度获得通过。中曾根在提案中反复强调世界的发展趋势，担忧日本落后的现状，“核”作为日本的重大国策问题，应当坚持超党派和非政争性的原则。这样一来，谁再有异议就可能被扣上“不顾大局”的帽子，而有关原子能军事用途这一敏感问题也就因此躲过了辩论和质疑。

（三）正力登场，推动民营

在中曾根康弘忙于立法、机构建设等顶层设计的同时，正力松太郎也靠着他的宣传、组织才能，继续为和平利用核能造势，既借此拉近了与日本产业界的关系，也通过与美国的频繁合作营造了一种与美国关系不同寻常的形象，反过来又加重了他在日本国内的分量。此外，正力的政治靠山鸠山一郎也在1954年年末终于当上了首相，鸠山曾许诺过他一个大臣的位子，正力由此走上政坛。

正力在1955年2月初次当选议员后，他“当上大臣再当首相”的政治美梦急速膨胀。要实现这样的雄心壮志，仅靠一张报纸、一个电视台就远远不够了，他需要做一个新的局，把美国、日本的产业界笼络在一起作自己的后援，建立牢固的政治根基。此外，正力还有一个盘算，就是如何战胜自己的政敌——绪方竹虎。同样出身于媒体界，资历比正力还浅的绪方，此时已经当上了自由党的总裁，原子能预算通过后，还担任了由政府和学界代表组成的原子能利用准备调查会会长，美国也因此把绪方看作日本官方的、公开的交涉对象。审时度势，正力决定依靠民间的、产业界的、商业的力量实现自己的政治目标，而这一切，都要通过“和平利用核能”的杠杆来撬动。

1955年4月29日，正力宣布成立原子能和平利用恳谈会，并出任会长，其目的是借此组织笼络财界人士、宣示自己是和平利用原子能的领头羊，从绪方手中夺回原子能议题的话语权。如果说中曾根看重的是核武、倚重的是政客，绪方看重的是核能基础研究、倚重的是学者；那么正力看重的则是可以用来发电的原子反应堆，倚重的是急切盼望用核能解决电力供应的产业界。所以从一开始，正力就试图用他在拥核、亲美宣传上的功劳，换取美国提供的动力炉。和平利用原子能博览会后，正力竟执着地要美方把展览的小型原子炉样品卖给他，说是要

"带回家发电"，可见他对核电多么强烈的热望[1]。

1956年新年第一天，鸠山兑现了诺言，正力如愿以偿地当上了首任原子能委员会委员长。新官上任三把火，正力迈开了拉拢产业界的步伐，延请经团联会长石川一郎担任委员会的常勤委员[2]。在新年记者会上，正力更出人意料地宣布，原定的十年核发电计划太慢，将建设一个在五年后就可以具有实用价值的核电站。此时的正力，之所以如此急迫，在于他的政坛竞争对手——绪方竹虎，已经带领此前的原子能利用准备调查会，确定了"一边引进吸收一边自主生产"的齐步走计划[3]，这种中规中矩的路数，扎实但是费时费力。在此形势下，正力也决定了自己的方针：第一，要在发电用反应堆建设上干出名堂；第二，为尽快干出名堂，要实现跨越性发展。

1956年3月1日，在正力的召集下，财团法人原子能产业会议（以下简称"原产"）正式成立，东京电力会长菅礼之助任会长，经团联副会长植村甲午郎等三人任副会长。"原产"网罗了电力、燃气、石油、钢铁、金属、造船、机械、贸易、海运、矿产、化学、建设、贸易、保险、金融、广播报纸各领

1 有马哲夫：《核电·正力·CIA》，新潮社2008年版。

2 委员会的另一位常勤委员是学术会议原子能问题委员长藤冈由夫。非常勤委员有京都大学教授、日本首位诺贝尔奖得主汤川秀树，以及来自劳动界的代表有泽广巳。

3 经过1955年6月至11月的讨论，原子能准备利用调查会决定的具体行动计划是：第一步，按照日美原子能研究协定，进口美国沸水型反应堆研究炉。第二步，进口CP-5型研究炉。第三步，进口泳池型研究炉。同时，与上述引进炉计划同步，计划在1959年之前建设国产的首个天然铀重水型反应堆。

域的600家企业，核心是三菱集团、住友原子能委员会、日本原子能事业会、东京原子能恳谈会、第一原子能产业集团等五家企业。[1]这意味着以原子能发电为中心，日本产业界一度被占领军解体的旧有财阀体制又复活了。作为这一切的重要推动者，正力要吸引尽可能多的企业参与到日本原子能开发中来，以此来确保自己在政界的“产业召集人”独特地位。

1956年3月31日，日本政府改组原子能局，成立了科学技术厅，正力出任首任长官。在国会首秀时，正力强调科技厅的目的在于协调各相关部门，以发展包括原子能和平利用在内的科学技术，实现国民经济的自主发展和人民生活水平的提高。与四年前在日本学术会议引起争议的前田正男提案相比，“正力版”科技厅最大的特点就是军事色彩大为淡化，这当然与正力本人更重视原子能的经济意义有直接关系。原子能委员会委员长和科技厅长官一肩两任，正力一举成为了日本核事业的执牛耳者。在他的主导下，电力公司、核电设备生产商等民营力量很快在核产业中占据半壁江山，日本特色的“国策民营”双轨体制由此形成。

1 三菱集团（1955年10月成立，下有三菱电机、三菱造船等旧三菱财阀系列的32家公司）、住友原子能委员会（1956年4月成立，下有住友机械、住友金属等旧住友财阀系列14家公司）、日本原子能事业会（1956年6月成立，下有东京芝浦电器、石川岛重工等旧三井财阀系列的37家公司）、东京原子能恳谈会（1956年3月成立，下有日立制作所、昭和电工等15家公司）、第一原子能产业集团（1956年11月成立，下有富士电机制造、川崎重工等25家公司）。

三・打开从核电到核武的通道

如同日本学者们提出的原子能和平利用“三原则”却为想发展核武的政客们提供了一块遮羞布一样，功利主义的正力松太郎“五年发电”的宏愿，也在不期然间为日本打开了一条通往核武的现实道路。这条道路的起点，就是在正力主导下日本选择的首个商业发电核反应堆——来自英国的卡德堆。因为卡德堆既能发电也可以生产武器级高浓度钚，从那以后，日本在“和平利用核能”的外衣下，经过半个多世纪从岸信介到佐藤荣作两个政权对潜在核武能力的不懈建设，终于在20世纪90年代中期建成了较为完整的生产链和产业体系，获得了成熟的核武能力。

（一）岸信介时代：五年发电 十年造弹

艾森豪威尔提出的“和平利用核能”，最初目的是在美国失去核武器垄断的背景下，借核物质、核技术的转移，拉拢盟国及第三世界国家，并将之置于自己主导的国际原子能机构之下，以利于美国支配世界。所以，所谓的“和平利用”从一开始，就是不折不扣“军事利用”的附属品。

上世纪50年代，美国确定的首批核能援助国家有土耳其、伊朗、伊拉克、印度、巴基斯坦、菲律宾。对这些国家，美国表示不仅愿意提供技术，而且可以帮助建设原子能中心和发电用反应堆。相比之下，对于日本、德国这两个昔日的对手，美国的态度是冷淡的，因为这两个国家的科技实力依然很强，美国担心他们一旦获得核能力可能会再次与美国对抗。但是为了拉住日本，美国还是要做些姿态，所以如前提到，美国国务院才在 1954 年 1 月向日本政府致函，推荐“具有经济意义的原子能”。美国的橄榄枝给日本的政商两界带来了希望，他们期待美国不仅能提供资金、技术援助，也会帮日本建设原子能中心和发电用反应堆。

正因如此，1955 年美国“和平利用核能使节团”访日后，正力很快就提出引进发电用反应堆的要求[1]。但对方却没有接招，因为美国只是希望通过象征性的援助与合作，平息“比基尼事件”造成的反核反美舆论压力，而且在美方看来，正力营造亲美拥核舆论的功劳还不足以换取他索要的核电反应堆。就这样来来往往，到 1955 年年末，正力与美国之间的关系已经陷入了一种恶性循环：美国不愿给，正力很着急，正力越着急，美国越厌烦。最终，失去耐心的美国甚至决定，不但不给核电反应堆，而且连短波通讯网合作项目也要停止。一份目前已解密、日期标注为 1955 年 12 月 9 日的美国中央情报局报告详细披露了当时双方的龃龉和美国的担心[2]：

我们与他（指正力）的关系在于，在日本恢复强大力量

1　在给美国使节团团长霍普金斯写的感谢信中，正力称日本已做好了接收发电用反应堆的准备。

2　有马哲夫：《核电 · 正力 · CIA》，新潮社 2008 年版。

的过程中我们也要同行。这个人所做的事最终会带来什么，即使交往过程有些令人哑然，但对后果却不能轻视。

以微波通讯网构想为例，如果这件事做成了，将势必给日本提供了一个可以对亚洲自由国家发挥影响力的、强大的宣传机构。

如果再接受他关于核能的申请，则必然会使日本拥有核武器。这即使是作为麻烦制造者保有的潜在能力，也会成为日本重作世界列强中一流国家的工具。

这种情况下，当1956年年初，正力向美国公开索要核电反应堆和新协议遭到冷遇后，日本的郁闷可想而知。但美国认为完全可以控制日本的自信心和优越感很快就发生了动摇。1956年3月和5月，英国核燃料动力大臣及核电站建设项目负责人相继访日。访问期间，英方极力推荐本国研发的一种从生产核武材料钚的军用反应堆改装而来的商用堆——卡德霍尔改良型反应堆[1]（以下简称卡德堆）。英国人介绍说，卡德堆已经完成了试验阶段，发电成本低[2]，若从英国进口，可直接向日本提供10万千瓦以上的大功率反应堆，不需要经过小型试验堆阶段。英国兜售的核电反应堆的这些功能以及交易的条件，一切都简直完全贴合了日本方面核能“跨越发展”的心思。

---

1 卡德堆以天然铀为燃料，以石墨为减速剂，以二氧化碳气体为冷却剂。

2 英方介绍卡德堆的发电成本每千瓦/小时仅合2.45日元，而当时日本的发电成本是每千瓦/小时7-10日元。

有了英国人入局，正力开始和美国人玩起了心理战。他逢人便吹嘘英国的反应堆，意在试探美国的反应，逼迫美国作出明确表态。在这种攻势下，1956 年 6 月 3 日，美国方面派出了一个以“考察建设亚洲原子能中心”为名目的调查团，团长是核反应堆专家福克斯。但在日本走了一圈后，福克斯的态度依然冷淡，他首先强调英国所谓的低发电成本令人怀疑，其次提出英国堆存在很多技术问题。福克斯还表示，五年后的 1961 年，美国在建的核电反应堆就可以得出详细的数据，届时双方可技术共享，建议日本耐心等待[1]。五年看似弹指一挥间，但对是年事已高、野心很大的正力，是无论如何也不能接受的。所以，福克斯的来访使正力彻底下了决心：抛开美国，与英国合作。1956 年 11 月 19 日，正力宣布日本进口英国的卡德堆。

正力采取的第一个步骤，就是与英国签署商业发电反应堆的采购协议。以往关于日本当时引入英国反应堆，人们普遍认为是因为英国比美国起步早，而且有商业发电的业绩，但是从解密的美国中央情报局的文献来看，正力是由于与美国讨价还价失败才选择了英国[2]。在与英国谈判、与美国交涉的同时，

1　山冈淳一郎：《原子能与权力》，筑摩新书 2011 年版。

2　英国开始商业核发电是在 1956 年的 5 月 23 日。所以在正力作决断的时候，英国并未有实际的发电经验。标注为 1956 年 7 月 5 日的 CIA 的文件分析认为：“日本人坚信原子能掌握着未来繁荣的钥匙，对和平利用原子能的态度狂热，他们承认自己需要学的东西很多，但又迫不及待。美国总是劝告日本要慎重些，在进行大规模投资前先进行试验。但日本人不同意美国的劝告，甚至等不了三、四年后美国的试验出成果”。(有马哲夫：《核电 · 正力 · CIA》，新潮社 2008 年版。)

正力还走出了另一步：在日本茨城县东海村搞定了一块有百万坪之广的空地，未来这里将建成产学研一体的核能基地，日本的首个商业核电站也将落户此地。在确定了一块地和一个反应堆后，1956 年 12 月，日本政局出现变化，随着鸠山一郎的引退，正力也无奈地离开了原子能王国的宝座。

但是，正力的失意并没有持续太久，由于岸信介内阁的成立，以及岸本人对英国卡德堆具有的军事潜力深感兴趣，1957年7月，正力又在第一次岸信介内阁中官复原职。这一年，日本防卫厅防卫研修所提交报告，也对这种可以边发电边生产军用钚的卡德堆给予积极评价。正是在这样的背景下，1957 年 5 月 14 日，岸信介在外务省记者俱乐部发表了“核武装符合宪法”的言论。岸信介特别强调：“没有实力的自卫是没有意义的。现在的武器正在技术、科学上不断发展，日本必须拥有可以应对现代战争的有效的自卫能力，必须设想未来可能会出现常规武器不再有效的情况。”这段话，显然已为日本未来的核武装埋下了伏笔。

1958 年，是岸信介出任首相后的第一个新年，作为首场政治活动，1 月 6 日岸来到了东海村的原子能研究所。他在《岸信介回忆录》中这样写道[1]：

原子能技术本身既可用于和平也可用于武器。怎么用属

1 藤田祐幸：《战后日本核政策史》，反对核开发会编：《隐蔽核武装的日本》，影书房 2013 年版。

于政策问题，代表着国家的意志。日本国家和国民的意志是不把原子能作为武器使用，专心发展和平利用的一面，但是即使是和平利用，随着其技术的发展，作为武器运用的可能性也会自动提高。日本不拥有核武器，但是凭借不断提高的潜在的能力，可以在核裁军、禁止核试验等问题上，提高日本在国际上的发言权。

由此可以看出，岸信介不但奠定了战后日本核武符合宪法的法理逻辑，而且明确了这样一个方针，那就是作为日本国防安全政策中最主要的一个组成部分，不管是以自卫的名义还是以安全保障的名义，都要发展足以实现核武装的技术及潜在产业能力。吉冈齐将这种逻辑称为“保障国家安全的原子能公理”。既然是“公理”，就是不言而喻、不证自明的。而且，以岸信介的观点来看，拥有先进的核技术及核产业是国家威信的重大源泉，也就是“原子能即国家”。换言之，主张修改不平等的日美安全保障条约乃至修改宪法的岸信介认为，在美国面前，拥有原子能的日本才更像一个国家。1958 年，美国一些敏感的政治家已切实感受到日本内心的这种变化。当年 9 月美国驻日大使麦克阿瑟[1]就曾发出警告：“是调整美日关系的时候了，日本计划在 1965 年拥有核武器。”[2]

1 即小麦克阿瑟，美国名将道格拉斯·麦克阿瑟的侄子。
2 太田昌克：《核时代的死角》，共同网。

（二）成为潜在的核武国家

但是，日本怎样才能获得核武器呢。原子弹分为两种。一种是铀弹。制造铀弹需要大量的天然铀资源，日本显然不具备。第二种是钚弹。钚是一种银白色金属，原子结构很不稳定，当钚-239受到中子撞击时，比铀更容易发生核裂变，也是更优质的原子弹材料，但是这种结构很不稳定的元素在自然界中极其稀少，目前人类获取钚的主要途径就是核电，核电站以铀作为原材料，通过核反应释放能量后，部分铀原子通过两次β衰变，就可以转化为钚-239原子，日本从英国引进的卡德堆就具有这种功能。核反应堆产生的含有钚-239原子的核废料称为“乏燃料”，从乏燃料中提取钚-239原子是一项难度很大的核技术，日本目前就是世界上惟一掌握这项技术的非核武国家。但由于美国在乏燃料后处理上对日本设限，所以这条路至少表面上也难走得通。而且，很多日本精英如中曾根等都倾向于选择小型战术核，它以高浓度钚为武器材料，型号小、重量轻，与常规武器的区别不明显，被认为适用于在小规模地区纷争对抗中攻击对方具体目标。发展小型核，也要解决钚的来源问题。

但岸信介靠英国卡德堆攒下“核家底”的算盘并未能打响。日本原来是算计着从卡德堆发电过程中弄到军用钚，但是，因为美国警惕日本由此开始核武装，所以不允许日本进行乏燃料后处理。1958年6月16日，即正力松太郎再次下台后的第四天[1]，日本、英国、美国三国签署了日英·日美原子能合作

1　1958年6月12日第二次岸信介内阁成立，正力松太郎卸任，回归日本电视。自此，正力与日本的原子能行政彻底绝缘。1969年正力宣布退出政界，同年病逝。

协定——发电反应堆协定。该协定规定，将于东海村建设的第一个日本发电反应堆，其产生的乏燃料必须交由英国进行后处理，所提取的军用钚大部分由英国花钱购买，用于其本国的核弹生产，剩余部分则根据英美核物质交换协定，由美国拿天然铀与英国交换，美国用换回的军用钚再制造核弹[1]。这样一来，转来转去，日本还是没能达到从乏燃料中提取军用钚的目的。此后日本又想从加拿大购买 CANDU 反应堆，也曾一度接近谈成，但又是美国出面阻挠，不允许日本购买。

日本人当然不会放弃追求。五次三番受到美国阻拦后，日本终于改变了通过购买外国核反应堆获取军用钚的路线，决定自己研发能够生产军用核材料的反应堆。1964 年 10 月，中国成功爆炸了原子弹，成为世界上第五个核武国家。这更加刺激了日本。1964 年 11 月 9 日，岸信介的胞弟佐藤荣作上台。在就任后首次外访的美国之行中，佐藤荣作公开向美国打出了核武牌。佐藤表示：日本人认为自己的国家不应保有核武，但是他本人认为，为了对抗中国的核武，日本应该保有核武器。当时，与佐藤交谈的美国国务卿拉斯科对此未置可否。

访美归来后，佐藤内阁指令日本原子能委员会对《原子能长期计划》做出修改。与 1956 年制定的第一个计划相比，这一新版计划不再把能较多生产核电燃料的“热中子增殖炉”

1　反对核开发会编：《隐蔽核武装的日本》，影书房 2013 年版。由此也可见，日本一直宣传的东海村反应堆是“为了和平的日本第一家核电站”，实际上从一开始就是美英军事利用核链条的一部分。

作为发展重心，而是着重建造可以生产军用钚的快中子增殖反应堆[1]（简称“快堆”）和新型转换堆。1965 年 7 月，日本在原子能委员会下设立两个工作小组，分别负责上述两种反应堆的开发。10 月，日本原子能委员会向欧美派遣考察团，考察反应堆的开发事宜。12 月，内阁会议通过了日本原子能研究所（简称“原研”）与英国相关公司签订的有关液体金属冷却型快堆的信息交换协定。这一切，都是佐藤政权推动日本核武发展的具体步骤。

由于虽引进了卡德堆但未能在生产军用钚一事上如愿，加上其后东海核电站的建设过程问题频出[2]，而美国在1963年后轻水堆技术成熟，采用“交钥匙工程”的出口方式，日本又看到了核电“跨越发展”的希望。因此，从 1964 年开始，日本各大电力公司纷纷转向美国，大规模引进轻水堆或改良轻水堆。

美国轻水堆虽不像英国卡德堆那样能直接生产高浓度钚，但如能掌握更为复杂的系统技术，也可间接生产出高浓度的钚。其大致程序是：第一步，在铀浓缩工厂生产出浓度为 3.5%–4.5% 的浓缩铀，用作轻水反应堆燃料。第二步，对取出的乏燃料进行后处理，提取包含具有核分裂性的钚–239 和钚–241。第三步，把反应堆级钚与天然铀混合在一起形成

---

1 英文为 Fast Breeder Reactor，缩写为 FBR。

2 1961 年 1 月 16 日东海核电站正式动工，建设中不断出现问题，致使工期延长，总工程费用也从申请立项时的 340 亿日元增加到 486 亿日元。1965 年 5 月该核电站首次临界成功，1966 年 7 月开始运行。

MOX 燃料，然后放入快中子增殖堆，在“快堆”堆芯周围的包覆区填装铀-238，反应堆中因核分裂而释放的中子可以把铀-238 转换为具有分裂性的铀-239 并经衰变产生钚-239。第四步，通过对包覆区燃料进行再处理，就可提取浓度达 98% 的超级军用钚。这样，通过使用快中子增殖堆将浓度不高的钚转化为超高浓度钚，一条连接核电与核武的新通道就此打开。其中三个环节必不可缺：铀浓缩、乏燃料后处理、“快堆”或新型转换堆，其中，反应堆无疑最为重要。

自 1967 年起，日本以反应堆为中心对上述关键环节开始全面建设。经过两年多的筹备，1967 年 12 月“动力炉 · 核燃料开发事业团”[1]（简称“动燃”）成立，该组织的主要任务就是进行“快堆”和新型转换堆及相关技术的开发[2]。1970 年，日本首个快堆“常阳”在茨城县大洗町落户，1977 年 6 月实现初次临界。同样是 1970 年，新型转换堆“普贤”在福井县敦贺市落户，1978 年也实现了初次临界。铀浓缩方面，“动燃”采取了远心分离法和煤气扩散法的并进方式，而民间各电力公司则选择与欧美公司合作。乏燃料后处理方面，“原燃公社”与法国企业签署了再处理工场的设计合同，1971 年 6 月开始

1　主要是由于已有的原子能研究所的核物理学家坚持和平利用三原则，不愿意进行核武器研究，所以另起炉灶。

2　1967 年 3 月《动力炉·核燃料开发事业团法》在国会获得通过。自民、社会、民社、公明四党的联合决议称：无论从能源政策的推进还是从科学技术的发展，动力炉、核燃料开发以及原子能产业的确立都是国家的重要课题。因此，政府应将其作为重要国策，不受经济变动的影响，长期强力地加以推进。

建设东海再处理工场。在生产和积累武器级核材料的同时，远程运载等配套工程也开始展开。1969 年，日本科技厅下成立了宇宙开发事业团，专门负责远程运载火箭的开发。佐藤荣作在 1964–1972 七年多的执政期间，以快马加鞭、重点突破的方式完成了日本核武基础能力的关键性建设[1]。

2010 年 10 月 3 日，日本广播公司播出了特别节目《追求核的日本》，详细披露了日本外务省与西德外交部，1969 年曾共同讨论如何从联合国《不扩散核武器条约》蒙混过关、进行核武装的往事，而且两国还在日本箱根进行过秘密会谈[2]。2010 年 11 月，日本外务省还公开了佐藤荣作时期“外交政策计划委员会”于 1969 年 9 月签发的《外交政策大纲》，关于核武器问题，该文件强调“虽然目前采取不保有核武器的政策，但在任何时候都要保持制造核武器的经济、技术潜能，同时也要考虑如何不受牵制”[3]。

“保持制造核武器的潜能”这一含蓄说辞，实际上揭示了日本要成为一个潜在核武国家的战略目标及其现实努力。到日本的佐藤荣作时期，岸信介时代“核武装符合宪法”的抽象法

1 根据佐藤的指示，内阁、外务省、防卫厅、海上自卫队等部门及人员均以正式、半正式或私下场合探讨了关于日本核武装的问题。其中代表性的成果，是由时任国防会议事务局局长的梅原治及防卫厅中坚干部组成的非正式集团“安全保障调查会”出版的《日本安全保障系列专题》（朝云新闻发行），这些报告从技术、战略、外交、政治等方面对日本的核武装进行研究并提出建议。见武藤一羊：《活着的废墟》。

2 NHK 特别报道组：《追求核的日本》，光文社 2012 年。

3 2010 年 11 月 29 日日本外务省调查报告书。

理表述已经进化到具体制造的实质性阶段，而且，日本的核武还要以“不受牵制”为目标，向下一个阶段迈进。

（三）不可忽视的美国因素

长期以来，表面上称兄道弟的美国与日本围绕着核问题一直在利用与反利用、控制与反控制之间博弈较量。日本外务省前次官、第二次安倍政权的国家安全保障局局长谷内正太郎曾经把战后美国与日本的关系，比作是“骑士”与“马”的关系。对于作为“骑士”的美国来说，经过第二次世界大战，昔日横冲直撞的“东洋烈马”已被驯服，成为自己手中收放自如的一匹宝马良驹。美国从占领之初确实对日本驾驭有道，先给日本套上“缰绳”，然后再喂养、扶持，使其既为美国利益驰骋效力，又无法脱离美国、不能挑战美国的底线。

在核能合作方面，美国通过“和平利用”的名目，首先给日本划出“红线”，即不允许日本“军事利用”发展核武，同时要求日本遵守核不扩散义务。在这个红线内，美国又给了日本一定的自由发展空间，使日本核潜力有所壮大，成为一种威慑力，用以服务美国、制衡他国，满足美国在亚洲乃至全球的战略利益。

美国给日本套上的“核缰绳”，以反应堆、核燃料为基点，让日本对美国形成“依赖”，即使日本进行乏燃料后处理，搞核燃料循环，好像离核武只有半步之遥，但也无法从根本上脱离美国，因为作为母材料的浓缩铀具有供给国的“国籍”，只要日本依靠美国提供核材料，美国作为所有权人对此就有予取予求的权力。也就是说，不管日本怎样进行原子炉国产化、核燃料循环，只要最初的核燃料来自美国，所有由此产生的核物质都是美国铀这只“鸡”生出来的“蛋”，必须接受美国的约束。1973 年 9 月，日本与法国签署了每年购买 1000 吨法国产浓缩铀的合同。对于这种“脱缰”行为，美国非常生气，之后就强行要求日本作出保证，美国浓缩铀在日本持有总量中的比例不得低于七成。

佐藤荣作任内，日本建设了首个快堆“常阳”。一开始美国也表示反对，但毕竟这是日本的自主科研项目，尚未掌握这一技术的美国，从心底也想让日本趟趟路子，所以也就点头同意。但当“常阳”在 1977 年 6 月实现初次临界后，卡特政府立即就出手阻止。经过交涉，两国达成协议：试运转阶段可以配备堆芯外包覆区，一旦结束试运转，即须立即拆除包覆区，改装成普通的中子照射反应堆。1978 年快堆“常阳”开始试运转，期间生产了约 19 公斤军用钚，约可制造 10 颗原子弹。日本独立生产出了军事钚，但美国马上又介入干预，日本未被允许进行再处理，据称“常阳”的使用后包覆区燃料，后来被原样不动地封存在某处的仓库里[1]。

又如，东海乏燃料再处理工场 1971 年开建。当 1977 年工厂建设完工正要开始运转时，美国以浓缩铀提供国的身份，再次拿着《日美原子能研究协定》现身介入，这件事情使日

1 日本“反对核开发之会”：《隐蔽核武装的日本》，影书房 2013 年版。

本倍感屈辱，被日本外务省原子能政策官员远藤哲也称为“国难”。当时，美日之间的主要争论焦点还是钚。美国不允许日本直接提取钚，取而代之是将铀溶液与钚溶液以 1：1 的比例混合提取，然后用作 MOX 燃料。这种要求被时任日本首相福田赳夫气愤地形容为“本来是要生产啤酒的机器，现在却被迫生产汽水”[1]。

但内心叛逆的“驯马”一直在千方百计寻找机会“脱缰”。1982 年 11 月，曾为日本核政策奠基立下汗马功劳的中曾根康弘登上了首相宝座。上台一年后，中曾根提出了“将青森下北半岛建成日本屈指可数的原子能基地”的目标，其核心项目就是现在位于六所村的核燃料循环中心。中曾根之所以热衷于核燃料循环，与其增强军事能力的夙愿密切相关。此后日本政府为此进行了广泛的可行性论证，其中，委托京都大学教授高坂正尧对日本的综合安全保障政策进行研究咨询，1984 年高坂团队提交建议报告，提出日本要在铀浓缩、乏燃料后处理等方面确立自主的核燃料循环体制，并进一步积极开发新型反应堆。这一政策建议，被中曾根采纳。

为了克服乏燃料后处理过程中的美国再生阻碍，中曾根决定与美国里根政府展开修订原子能协定的谈判。通过向美国誓言“把日本列岛建成不沉的航空母舰”、同意日元升值等“效忠”行为，日本换来了 30 年内不需美国件件点头的一揽子乏

1 见太田昌克：《日本原子能的死角》，共同网。

燃料处理权，前提是要保证提取的核物质钚只作民用。虽然长达十年的交涉令日本外交官倍感“屈辱”[1]，但1988年生效的《日美原子能协定》毕竟使日本成为当今世界上唯一可以进行乏燃料后处理的非核武国家。可以说，自里根时代起，美国总体上改变了以往对日严苛的核政策。

高坂建议的新型反应堆此后也取得实质性进展。1985年，日本开始建设快堆“文殊”，从级别上看，“常阳”属于实验反应堆，而文殊则属于实用型反应堆。为了掩饰“文殊”的军事色彩，日本将其定位为“可大大提高核燃料利用效率，同时又是核燃料循环技术发展的新型反应堆”[2]。但问题是,“文殊”的核分裂率仅为1:1.2，这意味着从发电角度看，其“增殖”的效率实际非常低下。此外，“文殊”采用钚作堆芯燃料，在核分裂时这些钚产生大量的贵金属，而后处理阶段无法将钚与贵金属分离，所谓钚的增殖也难以实现。此外，“文殊”的发电成本超过普通反应堆十倍。但“文殊”真正的价值在于军用核材料的提取，它每半年就要取出一半的包覆区燃料进行“更换”，将这些燃料进行再处理，就能够得到62公斤可用于制造

1　语出原日本原子能委员会委员岛村武久，他说怎么也无法忘却十年屈辱的谈判，再也不应容忍日本的原子能政策处于美国支配之下。见岛村武久:《岛村武久的原子能讲义》，电力新报社1987年版。

2　快堆在发电过程中一边消耗钚-239，一边又使铀-238转变成钚-239，而且新产生的钚-239比消耗掉的钚-239还要多，换句话说，核燃料中的裂变物质不仅没有因为生产电力而减少，反而有所增加，快中子增殖反应堆名称中的“增殖”由此而来。

核武的超级军用钚[1]。

将“常阳”和“文殊”的包覆区燃料进行再处理以提取超级军用钚的设施，叫做特殊再处理工场，美国对此也予以放行。此外，美国还将小型远心分离机卖给了日本“动燃”，这就意味着可以连续分离军用钚，而不用担心临界发生。相比于对朝鲜、伊朗等国严厉的禁止性态度，美国对日本发展敏感核技术采取的是典型的双重标准。

1994 年 1 月 30 日，英国《星期日泰晤士报》报道称，英国国防部的秘密报告认为日本已经拥有了制造核武器所需要的一切手段，具备了只需填装浓缩钚就可制造完整核弹的可能。时隔 13 年后，日本官方提供的一份数据印证了英国的判断。据核算，1977 年至 1983 年间，“常阳”共生产了 19.2 公斤钚，与浓缩率相同的同位体比率高达 99.2%。在 1994 年 5 月至 1995 年 12 月的试运转阶段,“文殊”则生产了 17 公斤钚，同位体比率为 99.8%。这意味着日本已经拥有 36 公斤的超级军用钚，相当于 20 颗超级原子弹[2]。但日本现在究竟有多少钚，并没有一个准确的数字。曾经有白宫官员估计说，日本仅在本土存放的钚原料就有 10 吨，足以制造 1500 枚核弹头。而来自有关国际组织和专家的评估，则认为日本目前可能已经囤积了 40 吨以上的钚，足够制造 5000 到 6000 枚原子弹。[3]

1　反对核开发之会:《隐蔽核武装的日本》，影书房 2013 年。

2　2007 年日本文部省对国会议员福岛瑞穗质询书所作的答辩书。

3　杨益:《日本离核弹头 一把螺丝刀的距离》，见《北京晚报》2014 年 6 月 17 日。

这就是为什么从上世纪 90 年代起，“日本可以在几个月内拥有核武器”之类的狂言屡屡从日本政客口中喊出。如 1994 年 6 月，首相羽田孜在国会宣布说“日本确实有能力拥有核武器”。1995 年 3 月一位日本高官说：“日本能在 183 天内造出原子弹！”2002 年 4 月，自由党党魁小泽一郎也曾宣称日本核电站里的钚可以制造出 4000 多枚核弹头。而 2002 年安倍晋三对《朝日新闻》也表示过，宪法“并没有禁止日本拥有核武器，只要核武器是小型的并且能够安全保存”。同年 5 月，时任日本内阁官房长官福田康夫也宣称“只要坚持专守防卫，日本也可以拥有核武器”。[1] 事实说明，这些话既不是脱口而出的“失言”，也不是痴人说梦的呓语，而是有基础、有底气的心声表达。虽然自 1995 年“文殊”等系列敏感核设施相继因“事故”进入停运状态，但日本生产核武只是时间问题的判断并不因此而受到影响，到了日本自己认为需要的时刻，这些“事故”中的反应堆可以随时复活。2014 年，美利坚大学历史教授彼得·库茨尼克郑重警告：“日本目前离制造核弹头只有一个螺丝刀的距离，加之安倍不断暴露攻击性的军国主义思想和挑衅行为，人们不得不对日本保有武器级别钚的用意和威胁保持警惕。”[2]

再回到本章开头提到的美日之间对钚的“催讨”风波，

1 杨益：《日本离核弹头 一把螺丝刀的距离》，见《北京晚报》2014 年 6 月 17 日。。

2 彼得·库茨尼克：《日本核企图的威胁性》，见《人民日报（国际论坛）》2014 年 3 月 14 日。

用这个鲜活的例子，可以为日本核灾、核武、核电这团“乱麻”做一个初步小结了。在冷战时期，美国曾将300多公斤钚“借给”日本“做科研之用”。而这批钚大部分是纯度达到92%以上武器级钚–239，可以制作四五十枚原子弹。现在，美国向日本催还这批核武材料，据日本共同社报道，是奥巴马政府“一向重视核安全”，自2010年起便向日方提出归还要求，日方曾一度坚决拒绝，由于美国不断提出要求，日本不得不从2013年开始与美国认真讨论此事。奥巴马之所以坚持追索这批钚，按日本媒体的说法是出于“不让能转化为核武器的核材料落入恐怖分子之手”，但真正的理由只有日本自己心里最清楚，那就是福岛核灾后，日本所有的核电机组都停止了运营，而日本坚持要进行乏燃料后处理，继续提取钚，美国对此开始警觉，因此用讨还这批“能转化为核武器的核材料”来敲打日本不要逾越底线。但如上分析，这是否有用已经很难说了，毕竟，日本离核武器“只有一个螺丝刀的距离”。

但辩证法是残酷的。日本在对核电、核武“嘈嘈切切错杂弹”的鼓捣中，发生了福岛核灾。这是一场有先兆的灾难，是各种内因外因日积月累最终的总爆发。最主要的内因是战后日本保守政治以“败在科学”“败在无核”来总结战败的原因，于是提出“科学立国”“核能立国”，根本目的是要重新成为拥有核武器的世界主导性大国，这就有了从核电到核弹的“日本等式”。外因则是美国为了赢得冷战打出“和平利用核能”牌，以此要把日本牢牢抓在手上，成为其冷战桥头堡和长期依赖美国的核能设备市场，这就有了从核弹到核电的“美国等式”。几十年来，两个等式既相互统一又摩擦不断。从为日本核发展放行到与正力掀起的“和平利用核能”宣传热潮遥相呼应，从配合中曾根闪电般在国会通过原子能预算案到向日本销售几十台轻水堆核电机组，两国的政治家、企业家、媒体乃至情报部门似乎都合作得非常愉快。

但当日本想方设法要进行乏燃料后处理以获取武器级钚时，美国则一次又一次地勒紧“核缰绳”、拧紧“核瓶盖”，最后日本被迫自己开发“快堆”和新型转换堆，要摆脱对美国的依赖由自己来生产核武材料。可是，日本与美国的这种纠结最后又导致了自身核能体制的扭曲。发展核武潜力必须对内对外都要隐瞒、欺骗和伪装，所以就搞起了“国策民营”的二元体制。从“快堆”到新型转换堆，日本在核武技术上是国家主导、偷偷摸摸的自主研发，与核电产业基本无关。核电则完全由电力业自己主导，为了多发电、多赚钱，垄断不同地域的电力公司蜂拥而上从美国引进“交钥匙工程”的轻水堆，拧动钥匙就发电，从而形成了“应用强、基础弱”“重引进、轻研发”的先天不足，日本的这些电力公司极度迷信依附美国技术，对任何技术改良建议都不屑一顾，更要命的是它们长期称霸一方，与政官财各界势力形成了密不透风的“原子能村”，政府的监管形同虚设。这种极端扭曲的“双轨”“二元”核能体制早就为福岛核灾的最终爆发埋下了伏笔。对此，将在下章详加分析。

第四章

核灾背后纠结的核能体制

福岛核灾使日本东北地区遭到严重破坏，持续的核泄漏不仅迫使大批福岛人舍弃家园避难他乡，整个日本都陷入一种深深的惶恐之中。放眼望去，日本列岛的海岸线上密密麻麻排列着 54 个核电机组及核处理设施，十分之一的人口居住在核电站周边 50 公里的范围内。对此，几乎所有人都有一个百思不得其解的问题：在地震多发的日本，怎么会形成这种有悖常识的核电布局？

日本核电的奠基者是被称为“原子能之父”的正力松太郎。正力不但促成了日本的第一座核电站，也缔造了日本特色的“国策民营”二元核电体制。20 世纪 60 年代后，随着美国轻水反应堆技术的成熟，日本开始了新一轮核电引进和建设高潮。紧接着石油危机来袭，日本能源安全的焦虑陡然上升，核电被当作实现能源准国产化的首选。在发展核电、保障能源安全这一新“国策”下，一系列对核电业特别优惠的法律相继出台，各电力公司与各地方自治体在利益驱动下争先恐后发展核电，日本进入一个核电大跃进的时代。

事急则乱，过犹不及。20 世纪 70 年代日本一窝蜂发展核电是一种畸形混乱的大发展，为日后核电安全种下了诸多“原发性”病根。随着90年代新自由主义浪潮的冲击以及日本经济的走低，核电市场渐趋萎缩，为了节约成本，各电力公司大大减少了对核电领域尤其是旧有核电的投入，核电安全日益“缺砖少瓦”、偷工减料。终于，一场极端的天灾与长期沉积的人祸在“311”这个时间节点迎头相撞，酿成了万劫不复的福岛核灾。深重的灾难，使曾经讳莫如深的日本核能体制弊端暴露净尽。“后311时代”的日本，在疲于应付福岛核灾善后的同时，如何厉行改革、构建合理的核电体制、确保核电安全、避免重蹈覆辙，已成当务之急。作为福岛核灾的深刻启示，“向体制要安全”，也同样成了摆在各国核电事业面前的严肃课题。

一・国策民营，谁主谁从？

如前面章节所述，日本从上世纪50年代起，借“和平利用核能”旗号重启核发展。1955年被称为“原子能元年”，新闻界将“和平利用核能”作为当年的年度标语[1]，大张旗鼓进行核能方面的报道和宣传。在读卖新闻社的组织下，美国“和平利用核能使节团”访日，日美两国合作举办了声势浩大的“和平利用核能博览会”。经济界方面，日本最大的经济团体——

1 1955年，日本新闻界的“新闻周”年度活动主题就是和平利用原子能。

经团联在这一年成立了“原子能和平利用恳谈会”，正式涉足核能产业。日本最大的电力公司——东京电力公司也于当年10月成立了核电事业调查委员会及核电科。学界方面，1955年5月与政府联合组成的“原子能利用准备调查会”决定接受美国的研究援助，11月，日美两国签署了原子能研究协定，12月，日本原子能研究所成立。1955年年末，日本国会通过了《原子能基本法》等基础性法律。

四面八方齐头并进、你追我赶的势头，虽然极大推动了日本核能事业的起步，但也出现了各不相让、无序竞争的局面。由于日本核产业从一开始就兼有“核电 + 核武”的双重目标，两种目的、两种手段逐渐发展成两条路线、两个阵营。其一是“科技厅集团”，主体是科技厅和以原子能研究所为代表的学界[1]，以研发为主，重点是研究带有军事色彩的敏感核技术或尚未实用化的民用核技术。其二是“通商产业省集团”，主体是通商产业省（简称通产省）和以各大电力公司、金融机构及核电设备制造商为代表的产业界，以经营为主，重点是建设和运营核电站。

从表面上看，上述两个阵营结成了一种相互联系、互为补充的共同体关系，覆盖了核能领域的方方面面，并冠以“国策民营”的名号，即国家进行政策指导、民间企业负责经营。但内在里，这是一种“国策”与“民营”各自分立的二元体制。

1　后在1967年成立的“动燃”也属这一阵营。

两个阵营目的不同、手段不同，井水不犯河水，各自发展，出现需要协调的地方，就由内阁和政治家居间勾兑。事实证明，日本这种“两股道上行车”的二元核能体制，非但没有形成一种军民联动、产学研一体贯通的良性局面，反而从一开始就出现了以谁为主、谁主谁从的芥蒂，磕磕绊绊，纠结扭曲，给日本核产业的发展埋下了难以消弭的隐患。

（一）20 世纪 50 年代：正力的遗产

20 世纪 50 年代初，日本刚准备恢复核事业时，起主导作用的是以中曾根康弘为代表的政界和以茅诚司为代表的学界。但是当新闻界出身的正力松太郎把政治前途押宝在核电上之后，形势发生了变化。为了与政敌——担任“原子能利用准备调查会”会长的绪方竹虎竞争，正力以产业界为依托，以加快引进反应堆、早日实现核能发电为目标，大力推进民间企业涉足核电。1956 年 3 月财团法人原子能产业会议的成立，标志着以核电为中心的新财阀体制正式成形[1]。正力虽然年近七旬进入政，但后来居上，靠着鸠山一郎的提携，当上了日本原子能委员会的首任委员长、日本科技厅的首任长官，而日本的电力公司、核电设备生产商等民营力量也靠着正力，在新兴的核电产业中占有了一席之地。

日本的电力公司、电力产业，历史上就具有民营主导、

1　具体参见本书第三章第二节。

割据一方的传统。在日本电力业130余年的历史中，除去战争和战后占领12年的特殊时期[1]，绝大部分都是以民营为主。1951年4月以后，日本全国主要是九大电力公司[2]。这九家公司虽是民营身份，但都带有强烈的垄断色彩，在各自的地区包揽了发电、送电及配电等业务，是名副其实的地方“电老大”，日本的民营“九电力”在抢滩核电业务上个个当仁不让。1955年前后，东京电力、关西电力这两家大电企率先开始筹备发展核电。

1956年11月，在与美国讨价还价受挫后，正力宣布从英国进口发电用卡德堆。正力此举受到了产业界、电力业界的支持，再加上他本人执着到近于固执的性格，所以在决断时只考虑投桃报李，如何把产业界的利益放在首位，而把自己作为日本原子能行政机构最高长官的职责置诸脑后。对于后续建设，即在由谁来承担引进核电站设备、核燃料工作一事上，正力依然只想着服务于产业界的利益，这种欠缺全局观的领导方式很快使“国”与“民”之间出现了明显对立，两大阵营出现了交锋。

“国策”的代表是电源开发公司（以下简称“电源开发”），

---

1 日本第一家电力公司是1883年成立的东京电灯（东京电力公司的前身）。在1939年4月至1951年4月期间，日本采取了国营电力体制，前6年是日本军国主义政府为侵略战争实行电力国家管制，后6年是占领军为拆解战败国经济财阀体系的集中统合。

2 分别是：北海道电力公司、东北电力公司、东京电力公司、中部电力公司、北陆电力公司、关西电力公司、中国电力公司、四国电力公司、九州电力公司。1988年，冲绳电力公司实行民营化改革后，日本形成“民营十电力”的电力公司体制，但冲绳电力没有核电业务。

这家公司是1952年根据《电源开发促进法》成立的，国营色彩浓重[1]，主要业务是水电，但因为水电在日本供电格局中所占比例有限，所以当核电提上国家能源议事日程之后，“电源开发”于1957年4月正式提出要参与原子能发电。民营电力企业方面立即起而抗衡，一个月后，即1957年5月，“九电力”联合出资成立民营的“原子能发电振兴公司”。

官办与民营的双峰对决，很快发展为政界层面的代理人之争。1957年7月，正力再次出任原子能委员会委员长兼科技厅长官。正力是“核电民营论”的代表人物，这种立场从其涉“核”之日就旗帜鲜明、从未含糊。另一方面，虽然此时绪方竹虎这个老对头已经病逝，但又出现了一个新政敌——当时自民党的实力派人物、经济企划厅长官河野一郎。河野公开批评民营主导的“九电力模式”，认为核电处于萌芽阶段，在安全性、可靠性等问题上存在诸多不确定因素，不应该由大电力公司和三菱、日立这样的财阀垄断，最好由国家的“电源开发”来承接。正力等“民间主导”派则从国营公司效率低、成本高的角度加以反驳。双方各持己见、互不相让，最后在时任自民党干事长、岸信介的亲信川岛正次郎的调停下达成和解。1957年9月，日本内阁作出决议，决定新设“日本原子能发电股份公司”（简称“日本原电”）负责引进英国卡德堆业务，新公

1　其前身是战时的日本发送电公司。1952年日本恢复主权后，官僚为收复在电力界的失地成立了电源开发公司。由于火电业务已被九家民营电力公司瓜分，所以“电源开发”只能发展水电。

司由国营的“电源开发”出资20%，“九电力”联合出资80%，在这种“和稀泥”式的妥协中，民营路线占据了上风。

但很快出现了新的问题。1957年12月，英国政府突然向日方提出，出口日本的核电机组要附加免责条款，即英国制造、使用英国核燃料的卡德堆即使发生事故，英国政府和企业也不承担任何责任。英国之所以要加这一条，是因为当年10月英国的卡德堆发生了事故，不仅涉及巨额赔偿，而且造成了很大舆论影响。为了规避风险，英国提出附加条款。虽然日本原子能委员会调查发现，这种免责条款在当时确实是国际惯例，但这个变故对正力来说却非常棘手。首先，因为此前太急于找到能尽快发电的反应堆，以至在英国的甜言蜜语下，对卡德堆的抗震性等安全风险并没有充分考虑，匆忙下了订单。现在英国已经出现事故，日本又是一个地震多发国家，安全保障确实没有把握，但奈何生米已快煮成了熟饭。

再者，此前在核电“国策”“民营”的争锋中，正力虽然使民营占据了主导，但如果出现核事故，英国制造商免责后谁来承担赔偿责任？核事故的赔偿金额往往是天文数字，即使有保险，民营企业也断难赔付得起，这样就需要国家介入。可是此前正力为“民间主导”已与主张“国营主导”的河野闹翻，现在提出让政府承担核事故的赔偿责任，不但无法自圆其说，而且简直是自扇耳光。

此时正力面临的窘境，恰恰是半个多世纪后福岛核事故中赔偿问题进退两难局面的预演。但对固执己见的正力来说，开弓没有回头箭，既然民办核电已成定局，就只能不顾一切地走下去。而在核事故赔偿的立法方面，于1957年英国人提出免责后又经过四年纠结，1961年日本国会颁布了《原子能损害赔偿法》。该法规定，作为运营商的企业名义上承担无限责任，但赔偿的上限是加入“原子能保险”后的50亿日元[1]，超过部分由国家以“救济被害者为优先事项”的名义进行赔偿。

1960年1月16日，东海发电所开始动工，此后建设问题频出。东海村是“国策民营”二元体制的典型，它既是日本的第一个核电站也是国家最早的核武研究基地，但发电与研究分属于“国策”“民营”两种体制，二元并立，双轨平行，互不相关。相比于出师不利的“民间阵营”，以研发为主的“国策阵营”在这一时期稳扎稳打。1956年8月，日本原子能研究所东海研究所动工建设。按照日美原子能研究协定，研究所相继从美国引进了实验型沸水反应堆、实验型CP-5反应堆，并于1957年8月实现了日本首个实验反应堆（JRR-1）的临界。

再来看原子能委员会的工作。依照法律赋予的职能，原子能委员会是日本核能事业的最高决策机构，具有向首相劝告提议的权限，但实际上，它的功能不过是一个官民之间的协调机构。如同不能控制正力独往独来的商业路线一样，原子能委员会既未能弥合国策与民营的分裂，实现二元体制的统合，也未能成为日本核电发展的设计主体。在起步阶段，虽然原子能

1 截至2014年，赔偿上限已升至1200亿日元。

委员会也制定了核能开发利用长期基本计划，但从实际发展看，民营企业始终是核电产业的主导，既是驱动主体也是行为主体，诸如“先引进后国产化”、实现核燃料循环等目标均未被核电企业认真贯彻执行。

由此可见，从起步阶段，日本核电发展就是以产业利益为首要，而把安全等根本问题置之一旁，即使福岛核灾发生后的今天，日本第一座东海核电站的技术人员仍振振有词，“汽车刚发明的时候，也没有人谈交通安全问题，安全并不是核能的目标，核能的目标是发电”[1]。这种“民间主导”、民营公司办核电只为发电赚钱的模式留下了很多后患。更重要的是，在之后的上世纪七八十年代核电快速发展时期，核电产业链、安全标准、事故预防等方面的制度漏洞、制度扭曲并未得到有效改善，国策与民营两种体制、两个阵营分立的状态长期持续。福岛核灾爆发后，从抢险救灾到事故赔偿，代表国家的政府和作为核电站运营商的企业，都在互相推诿扯皮，想着把“烫手山芋”扔给对方，“国策民营”二元体制的弊端暴露无遗。

（二）20 世纪 70 年代：日本核电的“大跃进”

20 世纪 50 年代后期，日本虽然开始进行发电反应堆的引进工作，但从世界范围看，由于技术尚不成熟，加上全球资源的重心从煤炭转为石油，火力发电成本降低，核电热潮有所降

---

1 王选、离原：《60 年阴影与躁动：日本核电大跃进》，《看天下》第 203 期。

温，东海发电所的二号机组工程一度被叫停，五家核电财阀静观待变。到60年代中期，美国轻水堆技术趋于成熟，其价格竞争优势和“交钥匙工程”的出口方式，对追求尽快发电的日本电力界具有极大的吸引力，1964年后日本出现了新一轮的核电建设热潮。这一次共有三家公司出马，建设了三个商用反应堆，分别是由“日本原电”建设的敦贺核电站一号机组、由关西电力公司建设的美滨核电站一号机组和由东京电力公司建设的福岛第一核电站一号机组，1970、1971年这三个商用反应堆相继竣工运行。1970年3月15日，大阪世界博览会[1]开幕式当天，敦贺核电站开始给会场供电，当年8月，美滨核电站也开始给会场供电。核电之光照亮了世博会，日本真正迈进了核电时代。

上世纪70年代发生的世界性石油危机，使日本的核电发展进一步提速。为了改变对石油的过度依赖，日本把能源多样化和资源安全问题提升到国家战略层面，1973年，通产省设立了资源能源厅。此时日本发展商业核电，技术和设备问题已通过从美国进口解决[2]，接下来又通过立法和一系列优惠政策解决了土地和资金问题。

这一时期，电力公司的核电站选址工作已经基本完成，

---

1 日本首次主办的世界博览会。举办时间：1970年3月15日至9月13日。主题：“人类的进步与和谐”。

2 1968年2月，日美两国签署了《日美原子能协定》，对象从之前的研究用反应堆扩大到商业发电反应堆。

但由于20世纪60年代后期日本民众对环保问题、核电安全问题日益关注，再加上日本此时也是社会运动活跃期，反核舆论再度高涨，核电站所在地区民众开始以“阻核”方式进行对抗，即阻止在本地新建核电站或新建核电机组。为了平息民众的反核情绪，1974年由时任首相田中角荣主导，在通产省的运作下，日本制定和颁布了“电源三法”，即《电源开发促进税法》、《电源开发促进对策特别会计法》、《发电用设施周边地域整备法》。这三个法律的出发点都是以金钱的力量换取民众对核电的支持。具体的机制是，各电力公司按照销售电量征收一定金额的电源开发促进税，国家将这些税金以特别会计预算的方式，下拨给发电站所在的地方自治体。“电源三法”适用于所有的发电厂，但是在拨付交付金的金额上，核电是同等规模火电、水电的两倍以上。核电站所在地方经不住巨大的利益诱惑，于是转而欢迎核电落户，并很快对核电收入产生财政依赖，最终对核电欲罢不能。

除“电源三法”让利地方的措施外，日本政府还给电力公司更多的利益激励，1976年开始施行《电力债务特例法》，促进他们加速发展核电。债务还能给投资核电带来甜头，背后的玄机就是日本电力企业的创收机制。如前所述，战后日本形成了九家电力公司的企业体制。为了保证电力的稳定供给，日本对电费采取了和其他公共收费一样的一揽子成本定价方式。所谓“一揽子成本”，就是把电力公司用于发电的所有成本计算后，按照成本确定电价，然后通过收取电费回收成本。显然，这种一揽子成本定价方式对电力公司来说就意味着可以不计成本，而且能确保只赚不赔。不计成本、只赚不赔，使得电力公司不仅千方百计大干快上，多发电多赚钱，而且每年都投巨资购买设备和燃料，反正成本都可以通过电费回收。花钱大手大脚的电力企业因此就成了最受欢迎的“财神爷”。全日本八个经济联合会的会长一职，长期固定由电力公司负责人担任，各地电力公司总是以当地产业界盟主身份君临，原因全在于此。

而且，电力公司的只赚不赔，不仅是因为有电费收入“兜底包圆”，还在于电力公司的利润成本也被算入了电力总成本。而电力公司的利润成本，是按照其资产的一定比例计算的，花得越多挣得越多。如此一来，电力公司的资产包括负债资产越高，其利润成本就越高、利润空间就越大。而核电产业投资金额巨大、资本负债也特别高，那利润成本也就特别大特别高，从电费中回收的真金白银就越多，发展核电也就成了撑大自家“钱袋子”最快捷有效的途径。

此外，为了帮助电力公司筹集核电建设的巨资，日本还出台了很多特别的政策照顾。早在战前时代，日本就允许企业发行长期的低息公司债进行集资，但一般企业的债务发行额度不允许超过该公司的资本金和资本准备金，对电力公司则网开一面，可以发行资本金和资本准备金两倍额度的公司债。1973年后，石油危机使企业资金周转困难，电力业界要求国家允许扩大公司债务的发行额度。经过精心的院外“陈情”活动，

1976年6月4日，日本开始施行《电力债务特例法》，电力公司的债务被允许扩大到资本金和资本准备金的四倍[1]。

这种鼓励电力公司举债的政策导向，很快就在核电领域显出效果。要发展核电，就可以借债，借债又可以增加电力公司的收入。在核电需求与负债需求的联动刺激和上述系列扶持政策的诱导下，各电力公司包括一些经营规模不大的电力公司[2]，如北海道电力、北陆电力、四国电力都纷纷投身核电。这种千军万马奔核电的局面，既超出了很多小电力公司的资本能力，在业务特色上也有趋短避长之嫌。如北陆电力的专长本来在水电，但也不顾实际地建设核电站。日本电力业界由此形成了一种新的成就评价标准：没有核电的电企不是一流的电企。这样的评价体系，反过来又进一步刺激了核电的大跃进：谁也不想落后，个个都争一流。到“311”前，日本国内54座核电机组，有33个是在1976年6月扩大公司债务发行规模之后拿到建设许可的，占总量的61%。可见日本《电力债务特例法》等一系列鼓励性政策，对一窝蜂发展核电的推动作用多么巨大。

借债使电力企业越做越大，巨额债务也成就了这些企业的金刚不坏之身。截至2012年，东电的债务已达到5万亿日元，

---

1 见《这个国家与核电》（连载），《每日新闻》2012年11月4日。

2 日本虽然是九家电力公司体制，但是公司之间的实力差异巨大。例如2010年度，东京电力公司的销售额超过5万亿日元，而北海道、北陆、四国三家电力公司都在6000亿日元以下，最少的是北陆电力销售额仅为4941亿日元。

占到日本公司债市场总额的 8%，已经大到不能垮、垮不得的地步。如果东电不履行债务，就会影响到给它大量放债的金融机构。而且按照日本《电气事业法》的规定，电力债的债权人可以优先获得偿还，这意味着比起对灾民的赔偿，东电公司需要首先向银行还款。因此，若对东电进行法律处置，如破产清算，那么东电的几乎所有资产都要用来偿还其公司债务，最后就很难再有钱进行灾民赔偿和废堆工作了。从这个意义上来说，是债务“救了”东电，可谓极尽讽刺。

除去债务迅速膨胀，一窝蜂发展核电还造成了其他诸多问题：第一，短时期、大规模的集中引进，使起初确定的“先引进后国产”的日本核电自主发展计划流于一纸空文，迟迟未能在关键技术的自主研发上取得突破。电力公司作为民营企业，以市场覆盖和盈利为目标，奉行“拿来主义”，重引进轻研发，而且迷信美国技术到了痴迷程度，在消化吸收上明显用力不够，长时间没有掌握核心技术。这一点与当年的西德相比，高低立见。日本从美国引进轻水堆是不折不扣的“交钥匙工程”，美国公司一手交钥，日本企业一手按电钮，电力公司看重的是操作应用，充其量只对引进的技术在操作层面进行些许改良。当然，日本国家的企业和研究机构在核技术上也并非全然没有自主研发，但如第三章第三节所述，重点都被放在了军用核即敏感核技术方面，主要是自主研发“快堆”和新型转换堆等以提取军用钚，与核电基本不相干，这种“偏好”客观上影响了对民用核电技术的改进完善。当年的西德同样是引进美国技术，但政府的政策是，国家给企业出钱支持研发，并对国产反应堆优先采购，极大鼓励了企业进行轻水反应堆的自主研究开发。所以，早在西德时期，德国人已经具备了独自开发并整机出口核电机组的能力，日本则没有做到。与出口赢利相比，更关键的还在于，不掌握核心技术，紧急时刻知其然不知其所以然，重大安全隐患一旦爆发束手无策。如东电福岛第一核电站1971年从美国引进的轻水堆是“马克Ⅰ”型反应堆，在设计上本来就存在先天不足，如压力容器和安全壳之间距离太近，如果发生氢气泄漏会使压力迅速升高，具有发生氢气爆炸的危险性，对此在瑞士主持过使用同类型反应堆改良的核工程专家布鲁诺·皮劳德[1]，曾建议福岛对核电机组进行同样的改进，强化安全壳和厂房，水源和电源多样化，在厂房内设置使氢气和氧气再结合成水的发生器以防氢气爆炸，在排气口加装吸收核辐射物质的过滤器等等，对所有这些建议，东电的回答都是一句话，“美国通用电气公司什么都没说，所以没必要改良”。后来的事实表明，当时如果按照瑞士专家的建议对任何一个环节进行改良和加强，“311”核事故都或可避免或者大大提高抢险的有效性。所以福岛核灾后，从福岛第一核电站原站长到国际社会的核专家，从日本媒体到时任首相菅直人，都痛感如果说切尔诺贝利是“苏联型”核事故，那么福岛第一核电站则是不正

1　1993 – 1999 年期间曾担任过国际原子能机构副总干事。

眼看世界又妄自尊大的“东电型”核事故[1]。实际上，福岛核灾发生后现场的东电员工不知所措、胡乱对付、一些基本应对动作都大摆乌龙的情形比比皆是，错过了很多最初控制灾情的宝贵时机，“东电型”核事故的一个关键症结就是极度迷信美国技术而忽视自主研发，“交钥匙工程”最后把人变成了只会转动钥匙的土梗木偶。

第二，日本引进的美国轻水堆一统天下，造成技术单一、风险集中。各电力公司一窝蜂地发展核电，为了省时间、走捷径，除了东海核电站首个反应堆采用的是英国卡德堆，从第二例开始，日本清一色地从美国引进轻水堆。而且，由于“日本式”企业经营的一大特色是重视长期维持合作伙伴间的“业务关系”，某家电力公司一旦选择了特定设备商的反应堆型后，就长期盯住既定堆型。所以，从国家层面看，日本选择的是美国，而从各电力公司看，九家电力公司无一例外的在轻水堆的两种类型，即压水堆和沸水堆中“二选一”[2]，这种依据“企业关系”而非“性价比”的做法，不仅造成了技术发展的单一，也造成了安全风险的集中。

第三，在没有新的建设用地的情况下快速发展核电，造

1　转引自刘建平:《从广岛到福岛：日本核灾难的历史学、传播学与政治学》,《开放时代杂志》2012 年第 8 期。

2　除了“日本原电”既引进了 1 台压水堆也引进了两台沸水堆外，九家电力公司形成了日本核电的“沸水堆阵营”（包括东京电力、东北电力、中部电力、北陆电力、中国电力）和“压水堆阵营”（包括关西电力、北海道电力、四国电力、九州电力）。参见冯昭奎:《试论日本核电技术发展》,《日本学刊》2014 年第 4 期。

成了机组密集布局的巨大安全隐患。20 世纪 60 年代后期，由于“阻核”社会运动日益高涨，核电站新的征地举步维艰。在有限的土地和旺盛的发展冲动之间，电力公司连同深受“电源三法”交付金诱惑的地方政府，走上了一条在既有核电站内增设机组的道路。从安全角度看，一个核电站内分布四个机组基本就饱和了，但反观日本，在“311”前，东京电力福岛第一核电站共有 6 个在运机组，还有 2 个正在筹建的机组，同样是东京电力所属的柏崎刈羽核电站则有 7 个在运机组。此外，中部电力滨冈核电站也有 5 个在运机组。所以，“311”时福岛第一核电站的 6 个机组出现了 1–4 号机组同时丧失功能发生爆炸的多米诺骨牌状况并非偶然。福岛第一核电站原站长吉田昌郎在接受政府事故调查委员会的取证调查时痛陈，一个核电站摆六七个机组，这种情况必定要出现大混乱[1]。东电这样的巨人型电力公司平时虽然一手遮天，但在“311”这样的非常时刻，终于为自己长期埋下的隐患付出了难以承受的代价。

（三）20 世纪 90 年代：核燃料循环“神话”

从 20 世纪 70 年代进入大跃进时期，日本核电的发展速度快得几乎停不下脚步：70 年代建成 20 台机组，80 年代建成 16 台机组，90 年代建成 15 台机组。截至 2006 年，日本共有 54 台核电机组运行，分别由 11 家电力公司经营。“多业主”

---

1 见《吉田调查报道的启示》，《每日新闻》2014 年 10 月 4 日。

的核电运营体制显然不利于专业力量的集中，不利于维护核电安全。

由于核电是一种特殊的能源产业，虽然日本采取了民营体制，但是却带有一个根本性的矛盾，即民营电力公司至少在三个方面不得不接受国家的介入和支援。除了已述及的核事故赔偿与核电站用地问题外，还有乏燃料的后处理问题。核燃料不管是直接处理还是进行后处理再循环利用，都需要国家介入，通过征地和设施建设来进行处理和存放。

从起步阶段，为实现核燃料的准国产，日本确立了对核燃料进行后处理的循环利用方针，被称为核燃料循环政策。但是这里也有“国策”“民营”两条线，“国策”部分主要是通过核燃料循环提取武器级钚、积累核武潜力。为此，上世纪60年代佐藤荣作政权时对1956年制定的首个《原子能长期计划》作了修改，新计划不再把能较多生产核燃料的“热中子增殖炉”作为发展重心，而是着重建造可以生产军用钚的“快堆”和新型转换堆。因此自1967年开始，承担“国策”任务的科技厅集团就以快堆、新型转换堆、核燃料再处理、铀浓缩等四项带有军事目的项目为自主研发重点，无意也无暇顾及商业核电站的乏燃料后处理问题。

几乎与此同时，“民营”部分解决核燃料处理问题也日益迫切。20世纪70年代越来越多的核电站运转起来后，各电力公司都在为乏燃料后处理找出路，由于“国策”阵营的东海再处理工场不接“民营”这边的后处理业务，再加上成本考虑，所以电力公司就采取了主要是英法两国合作、委托国外企业的方式解决这一问题。到了 20 世纪 80 年代，日本国内的核电站已星罗棋布，加上与“核”有着深远渊源的中曾根康弘当上了首相。此时日本安全问题专家提出了建立自主核燃料循环体制的建议，中曾根于是拍板决定在国内兴建核燃料循环基地，这就是自 1985 年开始建设的位于青森县的六所村核燃料循环中心，该中心包括铀浓缩、乏燃料再处理及核废弃物处理等项目。

与以往核燃料循环开发由“科技厅 · 动燃”国策阵营挑头不同，这一次的六所村再处理工程则由民营主导的原子能燃料公社（简称“原燃”）负责。“动燃”与“原燃”、“国策”与“民营”的对立再次浮现。根据对现有文献反复对比研究，发现当时两家对立情绪严重，虽然签署了合作协议，但实则各不相让，技术转移并未顺利实现[1]。此外，由于这是民营核电界集体公关拿下的项目，大家都要来分一杯羹，所以开工后不久，分头设计带来的施工问题就显现出来。据日本文献，乏燃料再处理设施的核心工程当时由 14 家公司承包，加上负责建设的建筑公司，共有 25 家公司参与建设，整个建设现场各自施工，没有一个总体负责的公司进行统筹。由于施工不顺，截至 2011 年该工程已 18 次延期，施工费用已从当初计划的 7600 亿日元上升到 21930 亿日元。从 20 世纪 90 年代初到 2002 年，在十多年的

1 山冈淳一郎：《原子能与权力》，筑摩新书 2011 版。

纠结之后，东电与经产省资源能源厅总算形成了一个共识，就是应当从“再处理工程”中撤出来了，但由于牵涉到先期巨大投入的回报问题，政府与东电谁都不愿首先开口。[1]对这种进不能进退又不愿退的近乎怪诞的拖延，一位自民党工商族大佬一语道破了其中玄机：“再循环就是一个神话。没有神话，核废料问题就会突显出来，核电站也就无法运转了。六所村确实很难办，但是就这样一直处于试验中也可以，今天这里明天那里地出现故障也可以，坏了就修，就这样维持着就可以。”[2]

被日本媒体称作“虚幻的环”的核燃料循环处理“神话”需要维持，因为只有这样，电力公司的经营才能维系。进入20世纪90年代中后期。由于电力自由化改革的呼声高涨以及核电市场萎缩，电力公司核电业务怎么折腾都赚钱的好日子越来越少了。以东电为例，1993年新社长荒木浩走马上任，在他任内的六年间，经常挂在嘴上的口头禅是，“东电要成为普通的公司”。所谓普通，就是要算效益帐、要削减运营成本、要多赚少花，一句话，成为正常的企业。以往对于电力公司来说，核电是不计成本甚至刻意推高成本的特殊领域，但如今好景不再，荒木被迫从实际出发想打破这个靠神话支撑的“圣域”。不但要尽早从六所村这个烂摊子中脱身，还要削减日常的核电成本，“从轻水堆到后处理都减少了经费”[3]，这中间自然也包括

1　见《虚幻的环》（连载），《每日新闻》2013年2月4日。
2　同上注。
3　见共同社《创造日本：核电与国家》（连载），2011年12月2日。

研发经费。

研发新型反应堆及核电设备，既可以对已有的核电站更新改良，还可以提高安全性。以往的研发由各电力公司和设备生产商共同进行，电力公司分担费用，在削减开支的新方针下，各电力公司投入的研发经费急剧下降，1995 年度是 317 亿日元，到 2000 年度降为 179 亿日元，到 2005 年只剩区区 74 亿日元，十年间缩水了四分之三，越来越多的电力公司不愿意再出钱，转而希望国家投入资助研发。但是，国家对核能的研发重点放在了钚热裂计划等军事用途方面，对商用轻水反应堆的研发很少关注。这种情况下，电力公司只盘算着如何能让自己的轻水堆多延长些使用寿命，多创造些价值，研发和相关的安全问题越来越被置于一旁。

2002 年，日本经产省发现，东电长期篡改核电设备检查记录，其中仅福岛第一核电站和柏崎刈羽核电站的篡改问题，就有 29 例之多。深究下去，进而发现自上世纪 90 年代以来，东电对核电站信息的篡改多达 199 例。丑闻败露后，东电时任董事长、总裁和执行副总裁被迫辞职。2007 年一场地震后，与福岛第一核电站同样存在选址抗震设计瑕疵的柏崎刈羽核电站也发生了核燃料泄漏，但东电在 6 小时内都没有上报，导致周边海域辐射数值上升。最后，还是由经产省下属的核安全院出面，才对三个核反应堆“叫停”，后来分别在 2008 年 10 月、2009 年 2 月、2010 年 6 月确认其安全性后，才陆续重启了 3 个核电机组。对这一系列隐瞒不报和检查造假，包括已酿成祸端、导致安全问题的事故，日本政府的处理都是虎头蛇尾，不了了之。

东电之所以敢于长期造假，甚至隐瞒核电事故及安全隐患，唯一的答案还是要保护自身的企业利益，尽量减少损失。因为核电站只要发现安全问题，就要停堆检修，而停堆检修对企业收益影响巨大。2007 年，由于柏崎刈羽核电站三个机组出现故障及安全隐患而被政府“暂停运行”，东电公司当年净收益预期就下调了 79%，2007 和 2008 两个财政年度均出现净亏损。福岛核灾之前，经过艰苦努力，东电公司刚刚在 2009 年度扭亏为盈，但营业利润也只有 2006 财年的一半。

为了让即将接近报废年限的核电机组继续创造效益，东电一方面游说政府再延长 20 年炉龄，另一方面继续大力营造核电安全的舆论。福岛第一核电站是沸水堆机组，设备和安全系统介于第一代和第二代之间，以今天的标准看，电源和输气管道等多方面存在许多“原创性”漏洞。而且，当初设计福岛第一核电站时，考虑的地震震级在日本所有核电站中是最低的，换言之，是日本最不具备抗震能力的核电站。但不可思议的是，东电公司反复渲染其机组到了 40 年的设计炉龄时完全可以再延长使用 20 年，这种没有任何科学根据的“让炉子用上 60 年”游说，最后竟然得到了核安全院的同意，而且批准时间恰恰是在福岛核灾发生前的一个月[1]。核电“安全神话”的谎言链实在太深太长了，在 2010 年 9 月日本“电气连”编撰的宣传资料中，

1 此次批准的炉龄延长期为 10 年。

随手一翻，到处都是“安全”“可靠”“信赖”这样的字眼，包括福岛第一核电站在内日本所有正在运行的核反应堆都被吹嘘为“具有世界最高水准的安全性，确保可以信赖”[1]。

核电安全神话在“311”中轰然倒塌了，但日本从政治、军事、外交、经济等多种需求出发，核燃料循环的神话至今仍然如魔咒一般在核能舞台徘徊，许多与之相连的长期安全隐患也依然如故。

二·剪不断理还乱的核能利权结构

日本核电产业中的企业与政治家、官僚的三角关系，由来已久。在日本，能够成为国会议员的就被称作政治家，他们把握着核电政策的制定和决策，所在政党一旦成为国会多数就有可能登堂入阁，当上通产省等部会的大臣，进而又决定着作为公务员的官僚仕途升迁；官僚掌握着电力公司的许可权和许多事项的审批，用手中的行政权力拿捏着电力公司；电力公司则可以给政治家送钱，为政治家投身选举和日常活动提供资金保障，这样，政治家在金钱上又仰仗着电力公司作后援。所以，

1 实际上这一时期，欧美的核电业正在大幅增加对极端事故的应对研究。有专家称，如果福岛第一核电站有美国核电站那样的后备电源，就不会出现在海啸中反应堆丧失冷却功能；如果有欧洲核反应堆那样放气时的放射性物质过滤网，周边的核污染就可以大大减轻。

三方是互联互通、相互利用的利益共同体，这个利权结构对日本的核电发展影响巨大而深远。

（一）政治献金

2014 年 7 月，日本关西电力株式会社原副社长内藤千百里向媒体称，自 1972 年后的 18 年间，关西电力以“年节问候”的名义，先后向 7 位日本时任首相每年赠送约 2000 万日元的政治献金，而关西电力每年用于政治献金的总额都在数亿日元以上。时年 91 岁的内藤，1962 年起担任关西电力社长芦原义重的秘书，与政界打交道长达 30 年。据内藤自己讲，此次以实名方式公开“政治献金”秘闻，源自对日本政府处理福岛核泄漏事故的不力，实在看不下去了，于是出面爆料。[1] 内藤此举，掀开了日本“原子能村”背后几十年“政官财”错综复杂的内幕。

据《朝日新闻》等媒体报道，受芦原直接指派，内藤每年在中元节和年底时，都会向时任首相、内阁官房长官、自民党干事长等政界高层奉上政治献金，金额每次在 1000 万至 2000 万日元不等。内藤指认的 7 位首相包括田中角荣、三木武夫、福田赳夫、大平正芳、铃木善幸、中曾根康弘和竹下登。献金的方式非常直白，一般都是把钱直接送到政治家的事务所或家中。

类似关西电力的政治献金举动，在日本电力界非常普遍。

---

1 田泓：《日本政治献金“买”来电力垄断》，见《人民日报》2014 年 7 月 29 日 21 版。

为了在决策过程中保证自己的利益，日本企业和相关利益集团都会在政治选举过程中和选举后寻找自己的代言人，电力作为垄断经营的行业，更是政治献金最积极的主力。《朝日新闻》调查发现，2006 年以来，日本九大电力公司每年都向日本经济财政大臣甘利明的资金管理团体投入巨额政治献金。

福岛核泄漏事故后，日本民众对核电安全的关注迅速走高，呼唤加快电力自由化改革，引入竞争机制保障核电安全。这种打破核电垄断的呼声，直接威胁到电力公司长期形成的利益格局，引起了业界强烈反弹。企业不但力求核电体制格局保持不变，还要说服政府通过电费涨价、重启核电站来增加企业的收益。甘利明恰恰是制定电力改革政策的掌门人，所以也就成了日本电力企业献金“公关”的重要目标。《朝日新闻》披露，2012 年日本电力行业向自民党的政治捐款是福岛核泄漏事故前的 4.3 倍，明显加大了力度。果然，礼尚往来，2014 年 4 月，安倍主持内阁会议通过新的《能源基本计划》，确定了日本中长期能源政策的方向，其中突出强调核电是“重要的基本负荷电源”，明确了重启核电站的态度，由此彻底推翻了前执政党民主党在福岛核灾后主张“废核”“脱核”的“零核电”方针。[1] 安倍政权在该计划中对福岛核灾的教训几乎未置一词，反而为核电大唱赞歌，认为核电站发电成本低，且可以不分昼夜连续运转，是稳定的电源。此外，又耍了一个政治伎俩，说如果日本

1 《朝日新闻》2014 年 4 月 11 日。

原子能规制委员会把核电站归为安全一类，则可重启，政府也会出面向地方自治体寻求理解和协作，这等于在政府部门之间踢皮球，真出了事可以相互推诿，最后谁都用不承担主要责任。

羊毛出在羊身上。电力公司送给政客们的政治献金，绝不是无私的“友情赠送”，此后由政客和官僚联手操弄，通过电费涨价等形式又加倍回到企业的腰包。如总部设在名古屋市的中部电力公司，从1985年至2004年，唆使“建设公司”等关联企业帮助做假账，中部电力把钱打到他们那里，然后这笔钱被用作“政治工作”，就是给政治家和官僚包括核电站所在县的知事献金[1]。一位接受《朝日新闻》匿名采访的中部电力公司原干部证实，20年间，献金数额高达2亿5千万日元，其中1亿4千万送给了两位国会议员。作为回报，政客和官僚通过政策“调节”提高核电相关工程的报价，也就是变相提高电费[2]。

1974年，由于电价上涨，时任日本参议员的妇女运动领袖市川房枝[3]号召发起抵制运动，抗议电力公司把政治献金算入电费。经过社会公众这番争取消费者权益的草根斗争，电力公司宣布不再政治献金，但实际上换汤不换药，要么改由电力公司干部以个人名义、要么通过“关联公司”继续献金。

长期以来，自民党政治资金团体“国民政治协会”每年都会提出献金要求，然后由电力公司安排，按照政客们职务高低

---

1 《朝日新闻》2014年7月20日。

2 《朝日新闻》2014年7月20日。

3 市川房枝（1893 – 1985年），日本近现代妇女解放运动的领袖人物。

确定献金额度。1974年禁止电力企业献金之后，企业就改为以干部个人名义继续送，在1995至2009的15年中，东电共有448名干部献金5957万日元。这都是疏通政界、推进核能政策的“买路钱”。电力公司不但给政客们送钱“买政策”，还直接用金钱“买官”。如在1998年7月日本参院选举时，东电原副社长加纳时男作为自民党比例选区候选人当选参议员。为此“国民政治协会”提出希望增加献金额度，东电当时专门设立了“政治担当”一职，负责与政界打交道。加纳当选后，东电按照要求增加了献金干部的额度和人数。当时东电干部每年的献金额度是，会长社长各30万日元、副社长24万日元、常务12万日元。加纳共当了两届参议员，2013年引退，接着又回到东电任顾问。从已发现的文献看，2010年，东京电力公司及其子公司向“国民政治协会”的政治献金者超过300人，总额达到1000万日元。而中部电力干部献金数额约500万日元，四国电力献金数额约400万日元，都是以个人献金的形式进行的。

电力企业的政治献金是全覆盖、多层次的。福岛核灾前后，往往是企业管理层把钱献给自民党，而企业工会则献给民主党。9家运营核电的电力公司在2009、2010年分别以个人献金的形式向自民党贡献了8000万日元，而各电力公司的工会团体则向民主党贡献了6876万日元[1]。2012年，民主党政权垮台的原因很多，但它在福岛核灾后顺从民众呼声的压力，提

1 《每日新闻》2012年1月22日。

出“脱核”“废核”，得罪了电力企业工会这些“金主”，导致工会的“组织票”大量流失，是其败选下台的重要原因之一。企业的政治献金，就这样决定着政客乃至政党的兴衰沉浮。

（二）官僚“下凡”

这个问题要从日本的公务员制度说起。日本公务员由两部分组成，一部分叫“特别职公务员”，是经选举产生或由国会任命的，包括内阁成员、国会议员、法官、自卫队官员等；另一部分是“一般职公务员”，是经公务员考试合格后录用而来的，这部分公务员等同于西方国家的“文官”，也就是我们常说的“行政官僚”或干脆叫“官僚”，“官僚下凡”就是发生在这些“一般职公务员”身上的一种现象。

日本政府各部会的官僚，到了50岁上下，如果没有机会升任所在省厅的政务次官，也不能交流平调到相关司局出任长官的话，就会被人事部门谈话劝退，这叫做“拍肩膀”[1]。但肩膀被拍者一般并不害怕“下岗”，反而会很期待，因为这样就能到原来有利益关系的民营企业任实职或者当“顾问”，领高额薪水、享受更好的待遇。这就是日本的“官僚下凡”。伴随着战后自民党长期执政，这种机制已经成为惯例和传统，是不折不扣的“官场潜规则”。在日本的官场与电力企业之间，体现得尤为明显。

1 刘柠：《且看日本官僚“下凡”》，见《郑州晚报》2009年10月24日。

日本的各大电力公司与官僚们长年累月你来我往，有着非同一般的“鱼水深情”。临近“到点”的下凡官员，往往会在核电预算中多做一些，为自己将来下凡留好后路。这是典型的官僚通过核电预算与企业“分肥”之举：今天我对你好，明天你再给我好处。其中，如日本经产省等政府部门长期给运营快堆“文殊”的日本原子能研究开发机构大笔预算，有些年度仅“补助金”就高达 2004 亿日元，作为回报，日本经产省原子能安全保安院、科技厅的一批官僚，退休后都下凡到了与“文殊”相关的团体担任会长或理事。据 2011 年调查，近 50 年来从通产省“空降”到关西电力、东北电力、东京电力等各大电力公司的退休官员达 68 人之多，其中 13 人至今仍在担任顾问、董事等职务[1]。

福岛核灾后，政商勾结长期形成的这个“潜规则”痼疾终于再次浮上台面。2010 年 8 月，日本经济产业省资源能源厅厅长石田彻退休，五个月后，即 2011 年 1 月，石田就实现了到东电公司“再就业”，任“高级顾问”。石田过去主管的资源能源厅在政府核能政策制定过程中发挥着关键作用，现在一退休就到与其先前负责监管的相关企业任职，被日本民众抨击为是典型的“官僚下凡”。加之几个月后，福岛核灾爆发，核泄漏引发的放射性污染使事故等级迅速升至最高的七级，许多日本人质疑经济产业省和东电相互勾结，阻挠对核电站实施严

1　参见冯昭奎:《试论日本核电技术发展》，见《日本学刊》2014 年第 4 期。

格的安全监管。在舆论风波中，2011 年 4 月，时任日本内阁官房长官的枝野幸男也被迫出面表态，说石田到东电再就业确实引发了“核电站安全检查尺度会因此放松”的疑虑，“不管他的情况从法律上看是不是‘下凡’，我相信这种事情无法为全社会所接受”[1]。当时日本媒体揭出，多年来经产省一大批官员退休后在东电谋得了高薪职位。民主党 2009 年上台不久，也曾向日本社会承诺要终结官僚下凡的“传统”。但此事只是口头说说，最终如何处理，不得而知。

（三）学界的角色

二战后，日本产业发展的另一个重要特色是采用“产官学合作体制”，即产业界、政府和学术界合作的科技发展体制。这一体制也在不断的演变之中，上世纪 90 年代初日本经济泡沫破裂后，许多大企业不再倚重自己的研究所，而是委托大学开展研究，与此相应，日本主要的大学也纷纷设立“产学合作”部门，积极与企业沟通信息，争取研究资金，促进研究成果应用于企业生产、转化为现实生产力。

这一体制在促进日本科研成果产业化方面发挥了重要作用，经常为人们所称颂。但是，在核电领域，产业与学界却长期是“主仆关系”而非平等的合作关系，这种扭曲也为出现福岛核灾这样难以逆转的核电安全事故埋下了伏笔。

---

1 见日本共同社 2011 年 4 月 14 日相关报道。

在日本，东京大学是核能研究的最高殿堂。这里的学者也是核能“产官学合作体制”不可或缺的一部分。根据调查，2006至2010年度，该校奖学捐助金最多的捐款来自两个不知名的机构，而这两个机构的主管人竟然都是东京大学原子能科荣誉教授。[1] 也就是说，东大的学者自己创办的相关研究机构，募集研究资金，然后一部分又以奖学金捐助形式回流到东大。《每日新闻》报道中提到的这位教授叫做宫健三，是东大反应堆工学的退休教授，曾任国家反应堆老化对策委员会委员长。宫教授创办的研究机构之一叫“保全学会”，就在东大校园附近，其捐款则回到了教授的两个门下弟子口袋中。而“保全学会”的主要业务是研发核电站的维持管理技术，范围覆盖了日本各电力公司、三菱重工、东芝等67家企业，由研究人员和电力公司管理人员共同担任干部。由此可以看出，核电领域产与学界的关系，乃是产业界通过这样那样的中间组织把钱“捐”给学界，以换取学界的“权威认可”，当向经产省申请项目许可时，电力公司抬出东京大学教授及其“产学合作”的牌子，就有助于使申请顺利通过。产学互利互惠、相辅相成，日本这样的大学教授，就是被“原子能村”纳入其体制的学阀典型。

对于持不同意见的学者，“原子能村”的做法则是排斥和封杀。东京大学工学部原子能工学科第一届高材生安齐育郎的遭遇，就是这种情况。安齐1962年入学，随着专业研究的深入，

1 见《每日新闻》2012年1月22日相关报道。

对核电站的安全问题产生很多质疑，在日本和国际上核电站发生多起事故后，他对核电安全愈发怀疑。但早在东大担任教学助手时代，他因为发表不同意见就一直被打压。1972 年，安齐在“日本学术会议”上发表了批判国家核电政策的意见，从此就不再有研究经费，甚至发表论文都要经过教授的许可，也不许带研究生。更不可思议的是，每当他去外地演讲，都会有东京电力公司的一名工作人员跟住他，他的研究室也有东电派来的人相邻，很明显这都是为了监督他。东电一度甚至“建议”安齐出去留学，企业负责全部费用，目的就是要把他挤走。安齐就这样度过了 17 年的东大“助手”生活，学术职称上一直没有升迁的机会，最后终于被迫调离去了别的大学。即使“311”之后，安齐仍没有发表意见的渠道，他对福岛核灾感慨万端：“核电的安全性问题是在自由批判的土壤上一点点培养起来的。在一个无法自由发言的国家中开发核电，不可能有安全。”[1]虽然巨大灾难已经发生，清醒学者的警世诤言仍然无人理会。

与安齐有着同样经历的，还有日本京都大学反应堆实验所的小出裕章、今中哲二两位副教授。他们都是坚持质疑核电安全的学者，结果同样是长期被冷落，两人在 2006–2010 年度间没有得到过一次研究资助，小出裕章更被讥为“万年副教授”，直到退休也没能晋升教授。对此，日本原子能产业协会参事北村俊郎指出，日本原子能界最大的问题就是体制的封闭

---

1 见《每日新闻》2012 年 1 月 22 日相关报道。

性和形式主义。北村说，海底板块长期挤压，压力到了一定程度就会爆发大地震，日本的原子能政策，以及产官学之间的体制性矛盾也一样，福岛核事故就是这样一场制度性大地震。在日本学界头脑清醒的学者眼中，国家及电力公司总是以核电事故概率极小为由，对可能发生的事故不做防范，研究人员屡次警告过东电海啸的可能性及其巨大的破坏性后果，但根本被企业当作耳旁风。产生这些问题的深层原因，就是北村俊郎所指体制上的封闭性。在东大专攻原子能的毕业生，要么留在大学里搞科研，要么到国家的核电监管机构或研究机构工作，要么去作电力公司或核电设备厂家的干部，总之，归宿都是"原子能村"。因此，这些毕业生都以原来的教授为中心，形成一种横跨"政官财""产学研"的同窗共同体。这些人是日本"原子能村"的中坚，抱团而且唯我独尊，内部排斥异己，对外则无视任何对核电的质疑和批评。

（四）离不开核电金钱的地方政府

核电在日本被称作隐性的公共事业。如前所述，根据"电源三法"，一个地方只要建核电站就能获得电力企业的交付金，此外，核电站建设过程中道路等基础设施工程项目还可以给当地带来大量就业机会。对于地方，尤其是经济欠发达、人口稀疏的地区，这些显然都是难以抗拒的诱惑。

今天的日本，核电或核设施主要集中在五个地方：福岛县的大熊和双叶、福井县的美滨与敦贺、新泻县的柏崎和刈羽、静冈县的御前崎市，以及青森县的六所村。首先来看福岛。福岛共有两个核电站——东电福岛第一核电站和东电福岛第二核电站，共十座在运核电机组，“311”前第一核电站还有两个待建机组。当地与核电的缘分，首先在于曾被称为“东电天皇”的东电原社长木川田一隆来自福岛，政界中民主党最高顾问渡部恒三也是福岛人。20 世纪 50 年代和平利用核能的热潮席卷日本时，福岛县的知事佐藤善一郎就开始命令下属研究县内有无建设核电站的可能。当时，日本原子能委员会规定的选址标准有三条：一是非居住区；二是非居住区外侧是低密度人口带；三是核电站所在地距离人口密集区有一定的距离。1961 年，符合条件的大熊、双叶两町向福岛县和东电提出了核电建设申请，地点是战时特种部队的训练机场，战后用于晒盐，当地财政收入不佳。很快，东电就购买了这片 320 万平方米的土地，用于建设福岛第一核电站。当时，东电向 300 位地权人支付了约 5 亿日元。由于沿岸是条件良好的渔场，就又向几个渔协支付了 1 亿日元补偿，买到了渔业权。1971 年 3 月，福岛第一核电站 1 号机组试运转后，当地很多居民又得以在核电站上班[1]，东电还为当地修建了许多公共设施、提供公共服务，企业与地方关系相当甜蜜。

福岛第一核电站正式运转后不久即出现了包括核废液泄

1　2011 年 7 月前，在东京电力公司福岛第一核电站工作的员工为 6778 人，其中 5691 是承包性质公司的职员，来自福岛县的共有 5174 人，占到九成。见共同社《创造日本：核电与国家》（连载），2011 年 11 月 30 日。

漏的事故，于是东电的公关工作从对当地民众的利益诱导转向安抚，主要是依靠亲密的人际关系及其影响，让事故阴云迅速散去，重新骗取了当地民众对核电站安全的信赖。1974 年“电源三法”实施后，巨额的核电收入流向地方。在金钱力量的推动下，曾经铁杆的核电反对派人士岩本忠夫当上了町长，立场也立刻转变，成为核电推进派。截至 1987 年，双叶町靠着两个核电机组，共获得了 34 亿日元的核电收入，占到地方财政收入的一半。为了得到更多的核电收入，1991 年双叶町议会还做出决议，决定主动申请新增核电机组。一来二去，地方的核电依赖症已经到了难以自拔的地步。

再来看福井县的情况。福井县的美滨町与敦贺市位于敦贺半岛，这里总共有七个核电机组，包括关西电力美滨核电站三个机组、日本原子能发电敦贺核电两个机组，快堆“文殊”以及正在废堆的新型转换堆“普贤”。在 1970 年的大阪世博会上，敦贺核电站和美滨核电站都曾为会场供过电，成为当地引以为豪的骄傲。2004 年，美滨核电曾经发生五人死亡的安全事故，但这依然没有改变当地坚挺核电的态度。2011 年 5 月，美滨町的町长向时任经济产业大臣海江田万里表示，美滨一如既往支持国家核电发展政策。

2011 年 9 月，高滨町议会在全国率先表决希望重启核电[1]，在福岛核灾“脱核电”呼声甚高的社会氛围中鹤立鸡群。

1　14 位町议员参加投票，仅 1 票反对。见《这个国家与核电》（连载），《每日新闻》2011 年 8 月 19 日。

当时，高滨六成的地方财政收入来源于核电。而且，高滨当地的大人物也与核电业关系密切。上述提案的发起者就是当地的副议长粟野明雄，他经营的粟野铁加工公司与关西电力关系密切，在当选町议员前，他的公司与关西电力的业务额仅有4600万日元，而当选后迅速增加到了2亿日元，2005–2010五年间，他从关西电力拿到了总额约7亿日元的工程[1]。其他很多町议员，有的家族企业经营着关西电力在当地的仓库，有的则经营着关西电力的职工宿舍。总之，都在靠着核电做买卖发大财。高滨核电站的合作公司事务所，共有当地50家公司入住加盟。2012年4月，在福井县高滨町町长选举中，“拥核派”候选人毫无悬念地胜出当选。

同样的情况也发生在静冈县的御前崎市。这里有中部电力滨冈核电站的五个核电机组，由于核电站恰好处于东海地震带预测地震源的正上方，所以“311”后，时任首相菅直人于2011年5月下令反应堆全部停运。2012年3月，日本内阁府专家论证会也宣布，如果御前崎市发生地震将引发21米海啸，而滨冈核电站的防波堤仅有18米。但即使有这样的安全警报，在一个月后的市长选举中，依旧是“拥核派”候选人高票当选，选举结果被当地民众戏称为“要钱不要命”。能解释这种荒诞行径的，也许只有该市财政收入四成来自于核电这个现实。

1 见《这个国家与核电》（连载），《每日新闻》2012年4月25日。

最后再来看核燃料循环基地六所村。早在20世纪60年代，这一带就被列为开发区，当时的计划是建立石化生产基地，石油危机后这片地方一直撂荒。直到1985年，中曾根内阁将此处确定为核燃料循环基地。由于引入这个大项目，人口约1.1万的六所村税收高达69亿日元，是当地同等规模行政町收入的十倍之多。此外，村议会议员的家族企业基本上都承接核电工程,2010年年末，当地的施工报价金额达到8亿日元[1]，令左邻右舍欣羡不已。2012年9月，民主党能源环境调查会准备向政府提案，要求重新评价核燃料循环政策。由于这关系到运营商日本“原燃”和六所村的切身利益，两家经过沟通后由六所村村议会向政府提交请愿书，称如果要停止核燃料循环，就请政府把村里之前接收的所有乏燃料及从英法运回的核废弃物统统搬走。这无疑是一种公然的要挟，最终逼得民主党政府只好公开表态继续维持核燃料循环。

日本是一个极为讲究人际关系的东方社会。老乡情、同窗谊都是财富，对个人事业如此，对一个地方的发展也是如此，人脉网的重要性无论怎么估计都不过分。“311”后，日本社会特别是核电站所在地方“脱核”还是继续“拥核”的博弈，让人们进一步看清，如果人脉又联上金脉，这种关系必将坚不可摧，哪怕福岛核灾这样的惨痛教训也改变不了这一切。

1 见《虚构的环》（连载），《每日新闻》2013年2月2日。

三・细看东京电力公司

东电的前身为1883年成立的东京电灯，是日本首家电力公司。经过战后改造，1951年5月现在的东京电力公司(TEPCO)正式成立，在日本电力公司中一直位居老大，也是日本最大、最著名的企业之一，主要业务是向以东京为中心，包括关东地区、山梨县以及静冈县部分地区供电，并生产和销售发电设备。东电作为福岛核灾的重要角色，虽然其他章节已多有分析，但还是有必要对之再做一番集中的检视。

(一)"311"前东电有多牛?

东电的大股东多是日本排名前列的信托银行和保险业巨头，如第一生命保险、日本生命保险等，还有三菱、住友等大财团，东京都政府也在其中，公司总部设在东京。"311"前东电运营着3个核电站共17座反应堆，其中10座位于福岛县，另外7座位于新潟县。截至2010年3月底，东电公司企业总资产达13万亿日元，销售额为5万亿日元，员工有5.2万人，是名副其实的巨无霸企业。

如前所述，日本实行的是一种按地区分片的电力体制，全日本这种地区垄断性电力公司共有十家，即传统的"九电力"加后来的冲绳电力。这十家公司的经营规模差异相当大，东电属于顶级公司，下一级的是关西电力、中部电力，最下一级的有北海道电力、北陆电力、四国电力，销售额基本上仅为东电的十分之一。这些大大小小的公司结成的行会组织叫“电气连”[1]，负责统和协调电力业界的内外事务。在“电气连”中，东电是不折不扣的盟主，在日本“东电”几乎就是电力业界的同义词。所以，各电力公司驻东京分公司职员的首要任务就是搞好和东电的关系，这比与经产省建立人脉还要重要[2]。东电因为身处首都，又是“电气连”的当家人，与政治家、中央省厅等方方面面的交往之深非同一般，而承担这一“政治工作”的部门就是东电总务部，东电几任社长如平岩外四、那须翔、荒木浩等都出身于这个部门。能成为生产一把手的“直升梯”，总务部有多重要已是不言自明，其背后是一条完整的“政治工作”路线。

至于开展工作的经费，对于富可敌国的电力业界不是问题。前已述及，电力公司在自己的地盘上不但发电、送电、配电全部包揽，电价上也享受特别的一揽子成本定价方式。这种方式使得电力公司的各种事业经费支出，都通过电价从消费者的口袋中自动回流到企业的荷包。事业经费越高，企业利润就越多，这样一来，电力公司不仅不去考虑节约成本，而是想方设法增加成本。因此，从电力公司开出的采购订单，如器材采购、燃料购买、工程施工、委托查表收费、设施整备等业务，都比社会上的价格要高出两成左右。这两

1 详见第一章 p10 注 2。
2 共同社连载：《创造日本：核电与国家》，2011 年 6 月 3 日。

成“赢利”就可以用来大做文章。说穿了，一切“政治工作”的活动资金都来源于此。按照惯例，基本上采购企业拿一成五，剩下的零点五成以“预托金”的形式，由电力公司成立的所谓亲善组织保管，等于是电企的“小金库”。像东电这样的大电企，除去燃料购入，其他方面每年的采购额约在 2 万亿日元，这样基本上就会有 800—1000 亿日元的预托金由东电自由使用。而燃料购买也通过同样的方式产生“赢利”，再从中拿出用于“政治工作”的活动资金。像购买政治家派对的入场券、给大学捐款等等，都是出自这些预托金。给政治家的献金，只要低于 20 万日元，按照日本政治资金管理相关法律规定就没有报告义务，也就可以不为人察觉。利益相关的亲善组织，会长一般由电力公司总务部长亲自担任，但这个职务不是企业的岗位职务，而是以“个人身份”出任。亲善组织的资金流动也没有问题，因为是会员企业的“自愿预托”，可以自由支配，不受企业财务的审查。所以“预托金”从形式上、法律上既不违规，同时还不会直接把电力公司暴露出来，而接受捐款的政治家、大学也知道来由，彼此心照不宣。

在这样一种政经联手的体制内，东电的领头羊地位异常突出。它开创的成立亲善组织、用“预托金”的名义转移资金的这种方式，不但在各家电力公司之间广为复制，而且在“电气连”内部，也由东电领头，召集其余九家电企以促进业界总体繁荣的名义，从各信托团体中再抽出两成交给“电气连”。

日本电力业界每年的整体采购额约为5万亿日元，所以“电气连”可用于“政治工作”方面的资金也可想而知是一个天文数字。但令人吃惊的是，实力超群的“电气连”竟然连法人资格都没有。之所以如此低调，是因为没有法人资格就可以规避监督审查。由此，从上到下、从点到面，形成了一种安全稳固的利益输送结构，也能够更隐蔽地从深层操纵日本的政治生态和经济社会运行。

权力向资本寻租，资本向权力渗透。20世纪七八十年代日本核电大跃进式发展时期，也加速了电力界与政界之间这种集资献金方式的深化和膨胀，核电设备生产商、运营商、政治家、中央省厅、地方政府，都被吸入这一共存共荣的利益共同体中。20世纪90年代中期后，核电二元体制中的科技厅不断出现行政失误，最后导致科技厅于2001年解体。从此，电力公司“打点”部会官僚时不用再考虑科技厅和经产省两个部门谁先谁后的问题，与经产省（原为通产省）的“合作”更加如鱼得水。日本核电产业与政界合作“潜规则”的惊人力量，即使在“311”这样的巨大灾难面前也巍然不动，连日本媒体都惊叹不已：这是一个巨大的系统，再大的事故也改变不了[1]。

经产省的力量尽人皆知。因为掌管着产业政策，所以在汽车、钢铁等业界发展中，经产省处于绝对的主导地位，但电

1 见《每日新闻》社编委青野由利2013年11月8日的专栏文章。

力界却是例外。"311"之前，由于电力界很好地操控了政治家，即使经产省想在产业政策上作调整，但只要措施可能有损电力界利益，刚刚酝酿就会有政治家出来说话。所以，经产省事务次官、局长这些高级干部对电力公司毫无办法。20 世纪 90 年代借助经济自由化大潮，经产省也曾想削弱电力界的力量，但改革最终还是半途而废。福岛核灾后，对东电改革的呼声又起，但前景很不明朗。[1]

滥觞于里根、撒切尔政府的欧美新自由主义浪潮，上世纪 80 年代席卷日本，中曾根政权不遗余力地在日本推行经济上的"解除管制"和"民营化"，日本社会产生了一种对"无限制市场"的崇拜。这种趋势，到了小泉政权时期，依然如火如荼。那时尽管新自由主义思潮在很多国家已经开始幻灭，来自劳工运动和产业工人组织的抗议呼声日益强烈，社会福利导向和更注重发展公共事业的政治力量陆续重新掌权，但日本的"私有化"、"民营化"步伐仍在加快，小泉在经济领域强调最多的就是向产业企业倾斜的小政府、大经济，他最引以为豪的一项"改革成就"，就是完成了长期搁浅的邮政民营化。在这个过程中，日本核电领域也大力推行市场化和"去管制化"，但此举又为新的危机埋下了伏笔。

1 "311"后，经产省与东电新的博弈再次展开，双方关系面临一次新的调整。经产省借此希望推进电力系统与发送电分离的持股公司化改革，而东电的目标则是先求生存再收复失地，东山再起。在东电的重建计划中，双方达成的协议是，在 2016 年度末以后降低国家在东电公司业务中的决议权比率，逐渐恢复东电的自律性经营体制。但日本很多分析认为，这种协议过于原则性，对实施和落实缺乏刚性约束。

目前日本的《核原料、核燃料和反应堆监管法》和《核能突发应急特别处置法》，是其核电发展的两部重要法律，虽然看似对核能规划、审批、监查内容规定得事无巨细，无所不包，也规定了"核能应急"情况下所有角色的责任，如应急指挥部的结构、日常审批检查的规则、地方与内阁的合作、涉核企业责任人的资质标准等等，但实则漏洞很多。如按现行日本法律，核电站的安全状况主要靠企业自查。而根据有关信息及对情况的分析，日本核安全院在福岛第一核电站出事前已感到不对劲，但依然只能按章办事，要求东电公司自查，"确认是否已充分检查核电站设施"。2011 年 2 月 28 日，也就是福岛核灾爆发前十天，东电公司向日本核安全院递交例行的检查报告，承认没有检查福岛第一核电站 6 个机组的 33 个部件。东电公司在报告中还承认，有一个配电装置 11 年来从未接受检查。这一装置的作用是向一座反应堆的温控系统分配电流。另外，冷却泵电机、柴油发电机和其他一些冷却系统部件也缺乏定期检查。

不作定期检查却能按时上报"检查报告"，很显然，这意味着东电公司的检查人员依然在伪造"检查记录"。但双方能够你不急、我不躁地如此"配合默契"，根本原因还是在于：所谓检查，只是企业"自查"，我交了报告，你不认可，我再认些账，至于是否整改，那是我的事。监管者和被监管者在新自由主义"解除管制"的友好氛围中，就是这样彼此心知肚明地玩着"猫捉老鼠"的游戏。果然，接到东电公司的"认账"

报告后，日本核安全院要求东电公司2011年6月2日前递交改正方案。只是天公不作美，这一次没有等到6月，福岛第一核电站3月11日遭特大地震和海啸破坏，冷却系统受损，东电公司贻误战机，导致不可收拾的核泄漏，最终酿成了至今仍然暗无天日的福岛核灾。溯本求源，多年的情况表明，靠着这样形同虚设的“监管”，日本的核电站出事并且出大事，是早已注定的。

长期以来，以东电为首的电力公司既可以影响选举、产业政策、官厅人士安排，也能够影响安全监管、媒体报道、学术和教育，甚至影响社会运动。当年在兴建福岛第一核电站时，东电为了方便从海中引水，硬是把海拔30多米的高坡削成海拔10米的平台，以至于2011年3月11日20多米海啸袭来时被大水漫灌[1]。2009年，有学者曾发出警告，称福岛地方在历史上发生过大海啸，需要加强福岛第一核电站的海啸对策，但东电反过来警告该学者不要多嘴[2]。东电是无所不在、一手遮天、为所欲为的。但是，在大自然面前，这些人类的小把戏全部失效。从当年削山成台到后来呵斥专家的海啸预警，再再令人无

1　因为核电站需要海水，海拔低取水方便，而且不再需要费时设计修改，所以当年东电就将35米的海拔削低为10米，如无此举，核电站就不会受到海啸影响。而且福岛核灾后，正因为这20米的高度差，核事故后每天约有400吨地下水流入，大大增加了核事故的处理难度。

2　日本政府2014年12月25日公布的新一批事故调查报告显示，2009年产业技术综合研究所地震研究所所长冈村行信曾指出，公元869年的贞观地震曾经造成巨大海啸，吞没过福岛第一核电站周边区域，地震、海啸的周期约400-800年，因此应采取预防性措施。

语。此情可待成追忆，只是当时已惘然。而“311”大灾难的来袭，也让人们看到了东电这一产业巨无霸外强中干、极不负责的另外一面。

（二）“311”中的东电

“311”特大地震发生时，由于天光大亮，在现代信息传播技术高度发达的今天，地震及随之引发的特大海啸的整个过程几乎被“全程直播”，郁郁葱葱的森林、纵横交织的公路顷刻间“一片汪洋皆不见”，星罗棋布的城镇、成片的房屋刹那间被夷为平地，堤岸、桥梁、停车场，以及海上、陆上的一切交通工具，瞬间都像儿童积木一样被席卷而去，仓皇逃难的人们转眼已在铺天盖地的海啸中无影无踪……

福岛核灾爆发的危机关头，东电始终坚持企业利益第一、社会责任次之的“市场逻辑”，结果在核泄漏的初始阶段就铸成了难以补救的大错。

一是瞒报灾情、贻误战机。2011 年 3 月 11 日下午，地震和海啸发生后，福岛第一核电站的六个机组相继发生了断电、备用柴油发电机被毁、机组冷却系统失灵等一系列严重问题，但核电站的员工将这些情况经复杂的层级程序逐级上报后，东电高层向日本社会发出的却是“未见异常”的“平安报”，日本政府经济产业省下设的核安全院据此向首相呈送了报告，称“北海道、东北、关东、中部地区的核电站及相关设施共 29 个，在本次地震中未发现较大的故障”。当天下午的日本主要媒体都这样转述了报告内容。

但实际情况却是，福岛第一核电站的大部分机组当时都处于炉芯缺水，炉内温度急剧上升，核燃料棒面临熔化并烧穿外层保护壳和混凝土结构、形成核泄漏的危机时刻。事后日本和国际社会一致认为，处置核事故的有效时间是以分秒来计算的，如东电在第一时间披露真相，各方面立即争分夺秒、集中专业力量予以应对，核泄漏灾难或可在萌芽状态就得到有效控制。

二是虚与委蛇、被动应付。等到东电眼见事故越来越大，很难再瞒下去，到了 3 月 11 日 21 时 22 分，才通过媒体发出了第一条消息："福岛第一核电站炉内水位降低，持续下去恐怕会出现放射能的泄漏。"此时，距离事故发生已过去 6 个多小时。在当时关于地震海啸铺天盖地的海量信息中，这样一条短讯无疑难以引起人们的注意。而东电之所以这样做，恰恰是它并不想引人注目，而只是想"立此存档"、为日后敷衍塞责留下一条后路：不能说我当时隐瞒不报，我已把事故昭告天下了。关键是，对于如何处置刻不容缓的危急情况，东电一再犹豫拖延，错过了最重要的第一抢救时间。

地震第二天即 3 月 12 日上午，东电据说"曾考虑"用附近海水来冷却 6 个核反应堆中的一个，但直到 1 号机组 12 日下午由于反应堆内部产生的氢气溢出接触外界氧气发生剧烈爆炸后，首相菅直人"直接强行"对东电下达了用海水冷却的命令，企业仍然拖到当天晚上才付诸实施。又过了一天，13 日东电才开始用海水直接冷却其他反应堆。而在拖延的过程中，除 5、6 两个机组外的其他核反应堆相继发生了类似的爆炸。

三是狂妄自大、拒绝援助。随着福岛第一核电站的反应堆接二连三发生爆炸，日本各界及国际社会感到大事不妙，纷纷表示欲施援手，但东电的第一反应却是对外援不屑一顾。日本《钻石》杂志曾援引政府官员的话报道说，地震引发核电机组出现异常的消息传出后，最了解核电站内部构造的核电机组制造商方面的技术专家第一时间赶到东电本部，希望能出谋划策，但一直未被接纳。直到事故发生 3 天后，事态已完全失控，东电才开始与这些技术专家沟通。

同样被东电拒之门外的，还有来自美国、法国的援助。日本政府官员透露，核泄漏事态一发生，美国方面就提出要支援，但遭到东电拒绝。《读卖新闻》4 月 1 日的一则报道说：核电站事故伊始，美国政府就抱有严重的危机感，并表示要提供冷却核反应堆的各种器材和派遣人员，但向日本方面试探后，美方感到“日方反应迟钝”。

2011 年 3 月 29 日美国《纽约时报》的相关报道也印证了上述说法：美国的核能业界一直秘密地备有冷却核反应堆的相关器材，包括发电机和水泵等，目的是使核电站遭到恐怖袭击时能确保核反应堆安全，一旦发生事故，美国空军将立即把应急器材运送到美国的任何地方。报道称，自 2011 年的“911”事件后，美国还进一步完善了这一体制。在“311”特大地震发生后，美国国务卿希拉里立即表示，已要求动用驻日美军的航空装备将冷却器材运到日本的核电站。《纽约时报》称，希拉里说的就是要启动上述美国的防灾体制。不过，当时日方相关人士的回应是“如果要水的话，海水有的是”，结果导致这一应急措施没有启动。同时，还有外电报道，法国核能巨头阿海珐集团在日本核事故发生后，也曾提出迅速派处理放射性水污染问题专家援助日本，并提供有关设备，但第一时间亦“遭到日方的婉拒”。

事后据多家日本和国际媒体通过东电内部人士之口获悉，东电躲闪掩盖、拒绝外援的根本原因是不愿接受政府、本国专家和外方提出的用海水灌注反应堆的意见。而东电之所以不愿用海水冷却反应堆，是因为担心海水会使核反应堆永久报废。在东电看来，只有想方设法保住反应堆，才能保住其长期以来对核电站的投资。危急关头，“保全资产”仍是东电第一位的考虑。

就这样，东电在“保国民平安”和“保公司资产”的权衡取舍中，选择了自私自利，唯一的“小九九”是不惜代价保住核电站。福岛核灾发生不久，英国《金融时报》在对能接近公司高层的东电员工采访时获悉，当此次地震海啸引发福岛第一核电站出现事故后，东电总裁清水正孝第一个念头是“福岛将有超过一年无法运转”，所以要千方百计避开注入海水这个“下下策”，以免核电的冷却系统受损，影响“企业利益”。在这种思想主导下，东电一误再误、一错再错，致使错过了冷却核反应堆、避免机组爆炸的最佳时机，核泄漏犹如脱缰的野马，骤然滑向了难以控制的极端。美国《华尔街日报》为此抨击日本核泄漏危机是“人祸大于天灾”，报道引述日本政府官员的话说：“这场灾难六成是人为造成的，（东电）初期没有作出积极的反应。就像是在努力捡回一个10日元的硬币，结果却丢了一个100日元硬币。”

2011年3月12日福岛第一核电站四个机组相继发生爆炸。此时东电方寸大乱，竟然企图让员工全部撤离现场，此情此景被日本媒体评论为“不负责任到了极点”。3月15日凌晨4时，清水正孝去首相官邸“说明情况”，但显然没有谈拢。过了不到一个小时，菅直人驱车直奔东电总部，当时在场的人们听到了菅直人的吼声：“绝对不准撤退。你们必须下定决心。敢于撤退的话，东电公司百分之百会第一个破产。”与此同时，日本政府归并了此前东电成立的“福岛原子力发电所事故对策统合本部”，本部长就是首相菅直人，这是“311”时期菅直人唯一在首相官邸以外主持的统合本部。

但事实上，除了偶尔在媒体和公众面前“大发雷霆”，日本政府对这场核泄漏危机的处置却很难真正做到“统合”，决定事态走向的主角始终是肇事企业——东电。随着危机愈演愈烈，东电公布的数据含混不清、前后矛盾的情况越来越多，还做出了直接向海中排放上万吨“低浓度核污染废水”的严重举动，引发了国际社会和日本民众的强烈不满，但日本政府只是于东电每每做出决定后在记者会上一再“深表歉意”，而对企业的所作所为从未采取过任何有效的“硬措施”。如2011年4

月 10 日，当媒体质疑菅直人怎样面对周边多国向日本直接“排污入海”提出抗议的问题时，菅直人虽然强调要尽量发挥日本政府在危机管理中的“主导作用”，但给出的答案只是“要更好地与有关国家沟通，进行更充分的情况说明”，对关键的“把大量核污染水排放入海”问题却不置一词。而就在同一天，东电宣布近万吨核污染水已经按计划“排放完毕”。这种尖锐的对立和态度反差，究竟是政府和企业在“唱双簧”，还是企业尾大不掉、完全不把政府放在眼里，只有天知道。

更为讽刺的是，东电捅了这个惊天动地的“马蜂窝”，就在全日本都在为福岛核灾焦头烂额之际，竟然还在向政府提交的电力供应计划中，提出福岛第一核电厂拟增七号和八号两个新机组的“规划”。据 2011 年 4 月 4 日的《读卖新闻》报道，饱受高浓度放射性物质危害的福岛县当局，获悉此事后立即表示强烈反对：“就县民感受而言，无法接受(增设计划)。”东电对此的解释是，根据日本《电气事业法》，电力公司必须每年定期向资源能源厅提出电力需求展望，从 1995 年度制订供电计划时起，增设七号和八号机组计划就已列入。而日本政府的资源能源厅对东电提出的这一“新增机组”计划，只是声称考虑到（福岛第一核电厂）地震受灾，要等彻底调查后再作决定，这个模棱两可的表态，等于仍然为东电增设新机组留着“后门”。

东电一切从企业利益出发，利用在安全问题上被法律赋予的“自纠自查”特权，长期掩盖问题、谎报军情，出现重大事故险情时又置社会责任于不顾，千方百计企图减少企业损失，最后酿成了无可挽回的巨大核泄漏灾难。东电的做法不仅打破了日本长期引以为荣的“核电零事故”、“核电绝对安全”神话，也把上世纪 80 年代以来盛行日本的新自由主义“市场万能”泡沫刺得粉碎。

第五章

日本媒体与核

福岛核灾发生后，日本舆论沸腾。人们最初把愤怒一股脑抛向了东京电力公司。但大家很快意识到，仅仅批判东电远远不够，长期以来忽视核安全隐患、纵容东电的核能体制，才是真正的罪魁祸首。日本著名媒体人、评论家船桥洋一痛心疾首地指斥：“核电安全神话是日本人自己制造，自己又被这个神话蒙骗的典型。”[1]那么，“核电安全神话”是怎样被制造、传播的呢？人们把批判的矛头对准了“原子能村”，这个核能利益集团包含“政官产报学”五大支柱，其中的“报”，就是日本的新闻媒体，尤其是那些被称为主流媒体的全国性报纸和电视网络。向来以批判别人为己任的新闻媒体，发现这次自己被千夫所指。人们对媒体的批判，主要集中于两点：第一，在“311”之初，对于核泄漏这样生死攸关的问题，媒体亦步亦趋地甘做“安全信息”实为“安全谣言”的传声筒，对真实情况或知而不报，或不去深究，丧失了新闻职业操守及社会良心。第二，在日本核电发展过程中，媒体一手参与制造了“核电安

1　船桥洋一：《堆芯熔毁倒计时》，见日本《文艺春秋》2012 年。

全神话”，充当了“核电企业的代言人”[1]，丧失了应有的舆论监督职能。

一・日本媒体与核的关系演变

正如日本战后60多年核发展史是一个多重结构、极为复杂的过程一样，日本媒体与核的关系同样也是多维复杂的。读卖新闻社是日本报业旗舰型媒体集团，在正力松太郎带领下不但最早倡导核，还是日本引进核的直接推动者。但日本的大媒体除了读卖新闻还有朝日新闻、每日新闻等，它们在日本核发展进程中的角色并不能一概而论，把众多媒体和媒体人一勺烩地都看作“核电的发言人”，并不实事求是。把握日本媒体与核的关系，需要一番细致的梳理，弄清日本媒体在核问题上的舆论取向及其两难苦衷，才能理解“核电安全神话”为什么会大行其道。

（一）媒体与“国策”

分析日本新闻媒体与核的关系，有必要先简单看一下日本媒体的社会特征，尤其是与政治、政府的关系，概括而言有

1　这类说法的代表人物之一是众议员河野太郎。在2012年2月每日新闻报社工会举办的研讨会上，他在发言中称“大家（指媒体）都知道电力公司给的广告宣传费是脏钱，但大家都伸了手”。引自《每日新闻》记者日下部聪2012年11月30日的评论。

以下三点。第一，日本政府往往不如我们想象得那样强大，而新闻媒体却比我们想象得更强大。这与日本特色的权力结构直接相关。自古以来，日本政治权力的最大特点就是多元竞争，权力被分散掌握在一些半自治性团体，如政府部门、政治党派、行业协会、大众媒体甚至黑社会帮派手中。在现代日本，新闻媒体也长期被称作“第四权力”，但并不是西方新闻自由理念中监督立法、司法、行政权力的“第四权”，而是与政（政党）、官（政府）、财（财界）并列的日本式“第四权力”。与欧美新闻媒体相比，日本媒体更注重商业利益，即经营才是首要考虑，而批判、监督权力的主体意识较弱，这就给公权管制媒体提供了可乘之机。

第二点，与多元竞争的权力结构相一致，日本媒体对外对内都呈现出强烈的派系性。在战后自民党长期执政时期，媒体这种派阀政治色彩表现得非常明显。几十年来，自民党各派阀之间激烈的权力斗争从未间断，媒体也始终深度介入，不少主流媒体的编辑记者更以情报员、智囊的角色直接参与其中，事实上形成了一种同盟关系，一荣俱荣、一损俱损。如第三章提到的在吉田茂政权后期，读卖新闻社倒向鸠山一郎，公开扯旗开展“打倒吉田茂”宣传运动就是一个典型的例子。这种派系性毫无疑问会直接影响到媒体立场及倾向。在充当“第四权力”时，日本媒体当然在表面上似乎都具有某种独立性，扮演一种批判体制和政府的制衡角色，但这种“批判”究竟到何种程度、对象是谁、是真批判还是逢场作戏，都大有学问。

日本媒体通过揭露政府丑闻、发表不同政见等形式，对当政者进行公开批评，有时效果十分明显，轻则使政客陷入困境，重则使其身败名裂。导致田中角荣下台的洛克希德事件、导致竹下登下台的利库路特案，都是日本媒体引以为豪的“舆论监督”。但这背后起决定作用的，还是派系派阀之间以及更深层次国际势力的博弈，媒体“批判”更多的是充当政治斗争的工具。既是工具，媒体自然而然就成为权力争夺战中的利益攸关方。这也就是为什么媒体在爆出政治“丑闻”后，往往立即收兵，从来不会深挖原因，不穷究根本的体制漏洞，因为如果穷追不舍，就要拔出萝卜带出泥，自己支持的政党派阀、政治盟友的问题也要暴露出来。所以，媒体在与政、官、产等另外“三权”的关系中，各方虽也有斗争，但更多的是相互利用。

由于新闻工作的特殊性，媒体与一般的日本公司在内部组织结构上不尽相同。日本媒体内部都设有不同的部门，如总编局、政治部、经济部、社会部、广告部等，他们之间也是一种多元竞争关系。日本媒体尤其是自由派媒体，如朝日新闻社、每日新闻社都比较强调“编辑权”独立，即新闻工作者在编辑、报道上享有不受干涉的自由权利。如此一来，在同一个问题比如核问题上，可能一家报社内部各部门之间的立场和态度也会差异很大，甚至完全不同。

第三点，日本媒体在对外问题上，表现出高度的一致性。在涉及国家利益、国家形象时，媒体之间不仅步调一致，而且对政府的立场和口径都默契配合。二战期间的日本媒体是最典型的例子，当时为了战争，日本社会中的各级组织都要团结起来一致对外，形成了超越党派、超越政争的“大政翼赞会”体制，媒体更是一马当先，在制造战争舆论、煽动法西斯意识方面不遗余力，成了日本军国主义的扬声器和马前卒。

日本媒体的这种“内外有别”，我们只要将其对“中国毒饺子”和福岛核灾两个事件的报道作一点简单对比，就可看得一清二楚。“中国毒饺子”是2008年河北一家日资企业生产的速冻水饺在出口日本后，造成九位消费者食物中毒的事件。事发后的整整一年中，日本政府处处以此为重大砝码向中方施压，日本各种新闻媒体也揪住不放、大肆渲染，使这一本来具有很大偶然性的事件，在此后一两年中被作为抹黑中国、恶化中日关系的重大事件反复炒作。而福岛核灾爆发后，长达四年至今没有得到有效控制，而且又造成一系列次生灾害，最突出的就是核污水泄漏和土地污染,20多万灾民至今有家不能回。与“毒饺子”事件相比，福岛核灾的严重性和危害程度显而易见，但对这一事关人类生命和生态安全的重大灾难，日本媒体与政府的新闻管制亦步亦趋，很少有主动的采访爆料、抨击质疑。

日本是世界上惟一受过原子弹轰炸的国家，但其媒体对核能“国策”的大力支持始终是主流。对日本来说，核既是无法忘却的创痛，也是难以割舍的“念想”。经历了第二次世界大战之败，长期执政的自民党实行了鱼与熊掌兼而有之的核政策：一面拼经济，发展核电站；一面拼军事，为将来开发核武积蓄潜能。所以，作为“国家安全保障核心”的核能产业，与作为能源产业的核能产业，在日本是与生俱来的一体两面[1]。而在日本媒体心目中，核问题至关重要，这方面的立场和态度涉及“国益”，即是否坚持“国家利益至上”。

所以，在看待日本媒体与核的关系上，至少需要三种视角：一是“国益指针”，二是“政官产报学”集合而成的“原子能村”利益共同体，三是媒体立场及其职业行为机制。对于本国核政策中的国家意志、核武取向，日本主流媒体当然心知肚明。正因如此，核在日本舆论中始终是敏感话题，媒体界对此也逐渐形成了一套行为规范。在主流舆论眼里，尤其是“311”前，对日本民众曾经受到的核伤害，不许详说[2]；对国家潜在拥有核武，不可明说；对核电产业，不得已才轻描淡写地说。这几条，对于日本主流媒体，既是要认同的“国益”，也是要遵守的“职业规则”。

（二）从“疑核”到“拥核”

20 世纪 50 年代是日本引入核能的时代。由于国际上的冷战格局刚刚形成，加上国内的战败记忆犹新，核问题在日本具有非常强烈的意识形态色彩。当时，美苏之间的核军备竞赛如火如荼，日本国内左右两种势力围绕核问题也展开了一番胶

1　见武藤一羊：《潜在的核保有与战后国家》，社会评论社 2011 年版。

2　在战后的日本，即使是盟军结束占领、日本恢复主权后，有关广岛、长崎遭受原子弹轰炸的民众惨状几乎全部停留在文字描述的层次上，具有更强现场感和冲击力的图片、录像等影像记录，一直以“太残酷”为由很少被展示。

着的拉锯战。1954 年 3 月“比基尼事件”发生后，以朝日新闻社为代表的新闻媒体对事态发展进行连续追踪报道，并大量刊登读者尤其是女性读者对核污染担忧的来信等言论类稿件，日本社会由此掀起了一场轰轰烈烈的反核运动。1955 年 8 月，日本召开了第一次禁止氢弹试验的群众大会，大会共征得 3158 万人的签名，占当时日本成年人口的一半[1]。一时间，日本国内反核、反美舆论大潮汹涌澎湃。

为了防止日本被苏联争取过去，美国国务院和中央情报局将改变日本国内反核舆论作为当时的重要工作目标。他们极力在日本搜寻合作者，期望改变事态的走向。最终，美国成功地物色到几位得力的合作者，这个后来被称做日本“核能男爵”的群体，包括新闻界的读卖新闻社社长正力松太郎、政界的中曾根康弘、经济界的芦原义重和木川田一隆等[2]。他们与美国相互配合，抓住战后经济起飞需要电力供应的社会需求，以“和平利用核能”为旗帜和口号，不仅迅速扭转了日本的反核舆论，而且加速推进了日本核能事业的发展。

当时，正力松太郎利用他手中的读卖新闻社和日本电视

1　见日本广播公司（NHK）2009 年 2 月 28 日节目：《那一刻历史转动：母亲们的反核运动》。

2　正力松太郎 1956 年出任日本首任原子能委员会委员长和日本首任科学技术厅长官。中曾根 1959 年接任科学技术厅长官。芦原义重当时是关西电力公司社长，并兼任关西经济联合会会长。木川田一隆为东京电力公司社长兼经济同友会代表干事。有关此四人及其与日本核电产业的关系，详见春名干男：《从核弹到核电》，日本《世界》杂志 2011 年 6 月号。

台，邀请美国“和平利用核能使节团”访日，展开核能宣传攻势，并于 1955 年 11 月 1 日起，在东京的日比谷公园举办了为时 42 天的和平利用核能博览会，随后又到日本多地巡展。博览会取得了超乎想象的成功，共有 300 多万人参观。抱有巨大政治野心的正力以发展核电作为自己的政治招牌，实现了从报界到政界的华丽转身。1956 年年初，正力松太郎换下日本第一大报读卖新闻社长的行头，出任日本首任原子能委员会委员长，当年 4 月，在首相官邸，他把企业界和政界 66 个头面人物聚集一堂，召开了“原子力和平利用恳谈会”，推动政界和产业界联手发展核电，当年 5 月，他又兼任日本首任科学技术厅长官，更是为核电四处奔走、一呼百应。到 1958 年 6 月正力卸任的两年半时间里，日本核能事业在立法、机构建设、寻求国际合作、成立核电企业等方面均大踏步前进。可以说，正力及其麾下的读卖新闻社利用“报人”和媒体机构超脱“中立”的社会形象，也利用其在政商各界丰富的人脉关系网络，不仅擘画了日本核能发展的蓝图，而且奠定了核电产业的基础，正力松太郎由此在日本被称为“原子能之父”。

值得注意的是，虽然《朝日新闻》曾大篇幅报道过民众的反核武运动，但这并不意味着该报反对发展核电。正如日本评论家武田徹所说：开始引入核电时，几乎所有的大媒体都对核电以及核燃料循环持肯定态度[1]。可以说，在日本发展核电初

1 武田徹：《媒体的不作为责任》，见《每日新闻》2012 年 10 月 22 日。

期，朝日新闻社发挥的作用并不亚于读卖新闻社。在此仅举两个人物为例。

第一位是绪方竹虎。绪方最早是《朝日新闻》的记者，由于与政界高层关系紧密，所以早在二战期间，他就已经当上了国务大臣。战后绪方出任吉田内阁的副总理，在日本从美国引进核能的最初阶段，他曾是“原子能利用准备调查会”的负责人。正如第三章所述，绪方领导的这个调查会是日本核电“国策民营”二元体制“国策”一脉的源点，其重要地位不言自明。第二位是朝日新闻社的资深领导人田中慎次郎[1]。早在1946年，田中就主张未来将是原子能时代，主动请缨开始进行核能的调查研究工作，成为战后日本新闻界最早涉及核能领域的媒体人。由于田中在二战期间与“大政翼赞会”等政界高层关系密切，所以他对核能的研究及倡导在政治脉络中影响很大[2]。1955年，田中以特派员身份出席了在日内瓦召开的首届原子能和平利用国际会议。1956年担任总理府原子能委员会参与（即顾问），之后还出任过日本原子能产业会议的参与。从绪方和田中的这些经历，足见朝日新闻社虽不象读卖新闻社以整个报社的力量去推动日本引进核电，但其高层与日本核能事业仍存在着非常

1 第二次世界大战时田中慎次郎已是朝日新闻社政治经济部部长，但因受进步记者尾崎秀实案牵连，1942年离职。日本战败后又回到朝日新闻社，在负责原子能调查研究之前任副总编。

2 早在1948年，曾任近卫文磨智囊的后藤文夫及其秘书桥本清之助就开始关注核能问题，他们的同人会还曾专门邀请田中慎次郎演讲，介绍原子能问题。见山冈淳一郎：《原子能与权力》，筑摩新书2011年版。

久远的紧密关系。

1956年日本科技厅成立后，由于日本新闻业特殊的记者俱乐部制度，各大报相应地成立了科学部，专门配有针对科技厅的跑口记者，这些人中有的后来成了具有深厚核科学知识的专家型记者，其代表人物当属读卖新闻社时任科学部记者石井洵。20世纪60年代后半期，佐藤政权确定了发展潜在核武能力的路线。1967年以私人团体名义结成的“安全保障调查会”开始受命进行有关研究，在该研究会一系列研究成果中，最重要的基石性文章就是由石井洵撰写的《我国核武器生产的潜在能力》[1]。该论文对日本的核能设施转型生产核武器的可能性进行了详细论证，认为日本若进行核武装不应利用浓缩铀制造铀弹，而是应该利用钚制作钚弹，由此就需要建设乏燃料处理工厂。该研究还主张，如果马上进行核武装会增加美国的猜疑，带来与邻国外交上的孤立，因此应暗中积蓄核能产业的能力，只要这样的意志坚定不移，就能实现拥有核武器。此后日本核政策的发展演变，基本上就是走了石井论文设计的这样一条路线。

由上可见，对于日本的核能产业来说，不管是读卖新闻社还是朝日新闻社，不管是以组织还是以个人的身份，这些日本最重要的媒体和媒体人绝不是身处局外的单纯的新闻报道者，而是名副其实的国策奠基者和参与者，从一开始就是日本

1　日本“反对核开发会”:《隐蔽核武装的日本》，影书房2013年版。

“原子能村”政、官、产、报、学五角同盟中不可或缺的重要组成部分。

二·日本媒体与核电金钱

在日本，如果说 20 世纪 50 年代是一个政治的年代，那么 70 年代则是一个“经济的年代”。1973 年的石油危机，使日本关于能源安全、能源多样化的讨论迅速增多，核电尤其是核燃料循环，理论上可以使铀及钚等核燃料反复利用，因此被看作是能源准国产化的希望。1973 年，通产省内设置了资源能源厅，从产业发展、能源安全的角度把核电发展上升到国家政策层面[1]。悄然之间，媒体与核能的关系也增添了新的内容，如果说 50 年代是基于“国益”的理念拥核，那么这时核电产业已开始用真金白银牢牢地把媒体和自己捆在了一起。

（一）广告金换来了“谨慎态度”

这一时期，经历了经济高速发展带来的负面效应后，日本民众对公害、环保、核电安全问题日益关注。尤其是在 1974 年，7 月份关西电力公司美滨核电站和 9 月份日本开发的

1 实际上还有一个重要背景，就是在 1970 年日本签署《核不扩散条约》（NPT）之后，核的军事色彩逐渐凸显，亟需加以掩盖，于是通产省开始站出来，从对核的国家安全保障因素的关注转为对能源安全的强调。

核动力船“陆奥”号相继发生了辐射泄漏事故，日本国内对核安全的关注以及反核舆论再次高涨。而且与以往仅仅停留在道义呼唤不同的是，这时的“反核”运动诉诸了具体的“阻核”行动，即阻止在本地新建核电站，对抗政府发展核电的政策[1]。在这种背景下，1974 年 6 月日本国会通过了“电源三法”，主要宗旨就是通过经济杠杆保障核电产业继续发展，通过把电源开发促进税以交付金的名义下拨给核电站所在的地方政府，换取地方对核电的支持。

但是仅仅搞定地方政府还不够。电力业界感到，随着消费者运动的兴起以及市民维权意识的高涨，如果想在核电事业上大干快上，还需要扫清来自新闻舆论的干扰和障碍。当时，对核安全报道最多、质疑最多的两家媒体，一是朝日新闻社，一是每日新闻社。如 1974 年 7 月美滨核电站泄漏事故后，每日新闻社自当年的 10 月 28 日至 11 月 8 日开始刊登题为《必须重新调整原子能》的连载。1975 年全年围绕核能安全问题又连续进行相关报道。所以，要扭转不利于核电发展的舆论，必须使这两家左倾的、市民派的新闻媒体闭嘴息声。

1974 年 4 月，日本“电气连”为了强化核电宣传，成立了核能宣传专门委员会。《电气事业连合会 35 年历程》一书中

1　比如三重县就成功阻止了中曾根介入的核电建设项目。由于核电站新征地遇到极大困难，目前日本核电企业的 18 处厂址中，绝大多数都是上世纪 60 年代核电高速增长时的征地，1970 年以后确定的新厂址只有爱媛县伊方町和鹿儿岛县川内市两处，其中始于 1973 年的伊方核电站建设，由于居民的强烈反对，引发了持续 19 年的“伊方诉讼”。参见冯昭奎:《试论日本核电技术发展》,《日本学刊》2014 年第 4 期。

是这样描述的：核电被定位为石油的替代能源，核电宣传成为最重要的课题。“电气连”启用铃木建出任宣传委员会委员长，因为铃木出身于媒体[1]，深知媒体业界的特点，正好可以“以毒攻毒”。据当时到“电气连”的跑口记者回忆，“铃木与以往官僚式的宣传干部不同，他执掌的广告部非常开放”[2]。“开放”就意味着交往增多、互通互联，铃木与各主要报纸的编委定期聚会，建立了良好的个人关系。

在个人交往热络之后，下一步就是将电力广告推上各家报纸。当时由于石油危机，报纸的广告收入开始出现下滑，“电气连”的巨额广告金，对于各报社来说是难以抗拒的诱惑。据铃木建回忆，他们当时“擒贼先擒王”，选择了把核电质疑派中最有影响力的朝日新闻社作为突破口，诱饵就是核能公共广告。结果弹无虚发，对于送上门来的广告主，朝日新闻社的回话是：“本报的方针是承认核电对未来国民生活的必要性，但安全性是另外的问题，所以登载宣传广告应该是可以的。”在这种看似周到实则自相矛盾的逻辑下，1974 年 8 月，《朝日新闻》的版面上出现了日本“原子能文化振兴财团”的核能宣传广告。随后，不甘落后的读卖新闻社和每日新闻社也向“电气连”申请。对于一向挺核的读卖新闻社，“电气连”立刻应允，但对

1 铃木健原供职于时事通讯社，后担任《钻石》杂志编委，与东京电力公司社长木川田隆一私交甚好。1971 年在木川的邀请下，进入“电气连”工作，到 1981 年离职前一直负责核电宣传。退职后任东电顾问，2004 年去世。

2 每日新闻社记者中濑信一郎的回忆，见《每日新闻》2012 年 10 月 22 日。

于正在进行反面报道的每日新闻社，铃木则提出了整改条件。

转变出现在1975年10月26日的“原子能日”。当天《每日新闻》的早报上出现了一篇题为《未来的核电》的文章，占据了三分之二的版面，绝对是一篇大块头的重量级报道。报道指出在资源匮乏的日本，核电在成本上具有难以比拟的优越性，但也存在核垃圾存放的难题。主张今后应该认真地推进核能，这是日本的责任。这篇报道署名为高榎尧。高榎是每日新闻社负责科学报道的编委，对核能安全始终持怀疑态度，被东电原副社长榊本晃章称作是“顽固的核电批判派”。但以这篇文章为标志，“顽固批判派”的态度转变了。原来，每日新闻社的顶头上司找到高榎，要他写一篇“对推广核电有帮助的文章”，于是就有了《未来的核电》。这篇文章见报后，又过了三个月，即1976年1月，《每日新闻》的版面上也开始出现了“电气连”的广告，广告的大标题极为醒目，叫做“只有核电可以代替石油”。广告资金的不断进入，不可避免地使报纸言论的调门发生了变化。对于突破疑核派、反核派媒体的边界防线，铃木建曾在其回忆录中流露出掩饰不住的骄傲，“他们不仅带着诚意听取我的意见，而且都保证对于核电报道将采取谨慎态度”[1]。

这种“谨慎态度”，实际上就是对核电安全质疑、批评的回避态度。疑核派、反核派媒体态度的转变，显然缘于核电业界摆在媒体面前的丰厚广告费，缘于媒体不愿在广告竞争中落

---

1 铃木建：《电力产业的新挑战》，日本工业新闻社1983年。

后，缘于媒体不愿得罪掌握现代经济命脉的经产省和电老大。如东电2010年的广告宣传费高达244亿日元，此外还有一种名为“普及启发费”的变相广告费，也达到200亿日元。每天从一大早的综艺节目开始，东电公司就是各电视台全天新闻、特别报道、综艺等各类节目的赞助商和广告“金主”。其他电力公司的情况也大致相同。据日本2010年版《大公司广告宣传费》统计，九州电力、冲绳电力、电源开发等11家电力公司的年广告费为885亿日元，促销费为624亿日元。在电力公司之外，“电气连”每年的“普及启发费”达300亿日元。经产省、资源能源省、文部科学省等中央省厅也有各自的广告预算。据统计，2010年度经产省和文部省用于核电方面的广告费用达到50亿日元[1]。因此，中央省厅、“电气连”、电力公司等核电相关部门，每年投到媒体上的钱规模超过2000亿日元[2]。

广告费的作用体现为两个方面，一是正面宣传，但客观地讲，赤裸裸“鼓与呼”的报道数量并非很多，大多数宣传手法都比较含蓄、委婉[3]。与这种正面的、直接的宣传相比，广告费真正发挥作用的，还是上文提到的媒体对核电报道的“谨慎态度”。当然，这种“谨慎态度”需要长期“精心培养”。培养

1 见《每日新闻》2012年10月22日相关报道。

2 山冈淳一郎:《原子能与权力》，筑摩新书2011版。

3 例如2010年度东京电力公司在《每日新闻》上投放广告总共有13次，仅有一次突出核电，其口径也是温和中性的“支持电力稳定供给的核电”。

手段除了不减额、不打折、不欠账的广告费之外，还包括对媒体监督的监督。例如，在经产省的广告费里，专门有一大笔钱用来监视媒体的核电报道。2008年至2010年度，该部门投入4050万日元，委托一些机构对日本的全国性报纸、地方报纸、杂志有关核电“不恰当报道”进行摘录[1]，这些摘录自然会被归纳集成、记录在案，然后通过“适当”的途径反馈到各媒体，久而久之，媒体对核电安全问题报道便形成了一种不惹麻烦，多一事不如少一事的“自我管控”心理机制和行为规范。

（二）从欺人到自欺

福岛核灾发生后，本章开头提到的日本著名媒体评论家船桥洋一曾担任政府独立事故调查委员负责人，在接触到东电长期隐瞒大量安全隐患，以及福岛第一核电站事故现场处置技术操作失误等触目惊心的事实后，他说：“一些利益团体为了获得人们对核能的广泛支持而对其大肆鼓吹，我们的核工业因此陷入了‘绝对安全’的扭曲神话。”[2]但问题是，日本媒体就是这个扭曲的“核电安全神话”的主要制造者之一，更可悲的是，始于欺人、止于自欺。

下面是一些日本新闻媒体“谨慎”报道核电安全问题、蒙蔽民众的例子。2002年，东电就曾经发生过隐瞒核电站事

1 见《每日新闻》2014年11月1日相关报道。
2 见2012年3月19日英国《金融时报》。

故的情况，但只是在经产省“公布消息”后，报纸和电视才作了极其有限的“跟进报道”。2007年，日本曾发生中越地震，柏崎刈羽核电站被发现处于地震活跃的地质断层附近，但是，在东电正式承认这一情况之前，没有一家报纸和电视对此进行过报道。其间，曾经有当地居民提出诉讼，请求取消该核电站的选址设置许可，但是，媒体或佯装不知，或避而不提，最后的所谓“报道”，也仅仅停留在东电发布的“客观事实”上，根本不去进行主动的追踪或深度挖掘。再如，爱媛县伊方核电站也存在着处于地质活跃断层上的巨大隐患，曾有一位地方报社的记者执着追踪，但最终在县政府及媒体同业的巨大压力之下，该记者只能辞职了事。

报纸如此，电视也好不到哪里去。日本电视网是最早在日本宣传核能的商业电视，但在日本的大型商业电视中，有关核电安全的批评性、监督性报道最为持久、数量最多的，恰恰还是日本电视网。这家媒体自20世纪70年代，就开播了质疑核电安全的代表性栏目《NNN纪录片》。2012年该栏目又制作播出了《去也是地狱，回来也是地狱：仓泽志雄眼中的核垃圾》，还曾获得当年度日本记者协会大奖[1]。但是由于节目的播放时间是周一凌晨，其收视率和影响力可想而知[2]。2008年，日本广播公司（NHK）放送文化研究所研究员七泽洁对20世

1 仓泽志雄是日本电视网主任评论员，1982到1986年负责科技厅跑口，对陆奥核动力船给当地社区造成的伤害进行过追踪报道。

2 《每日新闻》2012年10月25日。

纪 50 年代后 NHK 以及商业电视播出的核电新闻节目进行分析，指出“依赖信息发布的多，独自采访的少”的问题。“311”之后，七泽与一位科研人员深入到距离福岛第一核电站现场仅 2.4 公里的灾区，对那里的核污染状况进行了调查报道。节目在 NHK 教育电视台播出后，反响热烈。之后七泽将采访经过结集出版，在后记中他厉声抨击：即使发生了那样大的事故，NHK 的干部们还是依从惯性法则，在报道中只去考虑“原子能村”的感受。但突破了惯性法则和“谨慎态度”自律原则的七泽，却因此受到了老板的警告，以后也归于噤声。

这样，电力业界以媒体的广告大客户、有经产省作后台的电老大双重身份，长期左右了公共媒体 NHK 以及商业性报纸和广播电视的社会舆论空间。大媒体形成了对电力公司“绕着走”、“不为难”的“友好”姿态。从 20 世纪 70 年代中期直到福岛核灾发生，日本各大媒体对核电产业及其潜在的安全问题基本处于缄默状态，对核电不利的新闻，大型媒体要么知情不报，要么在不得不报时蜻蜓点水、浅尝辄止。这就是日本新闻界在涉及核电问题时约定俗成的“报道自律规则”。

在这样的媒体和社会舆论生态中，对核电危险进行预警的记者和学者逐渐失去了活动舞台和话语空间，甚至被打上意识形态标签，成为被边缘化的少数派和异类。随着日本舆论中质疑之声愈来愈少，本来存在大量安全隐患的核电产业，最后却在企业与媒体的合谋下，被屏蔽在公共安全问题之外。对于核电安全问题，绝大部分媒体都不愿去深究，甚至在潜意识里宁愿相信核电就是安全的，不存在什么隐患，“这种安全神话讲久了，连编造神话的人自己都相信它是真的了”[1]。这种由欺人而自欺的心理机制进而促成日本自我陶醉的核电社会舆论机制，最后营造了“核电安全神话”自然而然周而复始的生产机制。

三・日本媒体在“311”时的表现

2011 年 3 月 11 日 19 点 03 分，日本政府宣布福岛第一核电站处于“核能紧急事态”，并于 21 时 23 分指示福岛核电站周边居民进行避难，福岛核灾噩梦自此拉开序幕。在这场前所未有的公共安全危机中，日本媒体有两个最重要的新闻现场：一个是福岛，一个是东京。福岛有灾难事态的第一手情况，东京有应对灾难决策的最新动向。日本主流媒体在这两个地点的表现如何呢?

（一）“逃离”福岛

在福岛，日本主流新闻媒体上演了一幕令人无言以对的大逃离。核泄漏发生后，日本政府指示普通民众逃离现场的避

1　离原、王选:《日本核灾难真相: 谎言与自负》，《看天下》2012 年 4 月 1 日号，总第 203 期。

难半径为20公里,20—30公里圈内的民众被要求“室内避难”。但日本各大媒体向福岛驻站记者下发的避难指令范围却大得多：如NHK的避难半径是40公里外，朝日新闻社的是50公里外，时事社的则是60公里外。避难半径标准的差异，意味着主流媒体的记者享有比普通民众更多的“安全特权”和安全保证，但同时也放弃了自身的报道责任。事后，朝日新闻社东京本部社会部的石田博士在一篇文章中这样写道：[1]

10公里圈、20公里圈、计划避难区域、紧急时避难准备区域……朝日新闻社参照事故的扩大状况，阶段性地制定了具体的采访范围。为确保安全的基础上继续采访，矢崎雅俊总局长确定了尽量在室内采访的具体行动指针。

媒体的集体逃离，一方面是为了保护记者的安全，避免万一员工受到核辐射报社需要承担的赔偿责任；另一方面也是为了表示“听政府话”，进行谨慎的自我约束。2011年3月21日，NHK报道局给灾区分局的局长们下发了一份题为“有关放射线量的考虑”的内部通告，说目前政府没有改变半径20公里避难及20–30公里间室内避难的指示，采访原则也要遵照政府的指示。但是，媒体的逃离意味着大量的“现场报道”，并非真正来自一线的采访，而是隔岸观火式的

1 参见日本《新闻研究》2011年6月期相关文章。

二手报道。例如，在核灾情最为严重的南相马市，“311”当天早报送达后，当地就再也没有见到任何全国性报纸和新闻采访人员，记者都撤离了，送报员也无报可送，那里的新闻时间就停滞在了3月12日早晨。直到2011年4月下旬，一些本地报纸才恢复工作，其间该地居民一直处于信息孤岛之中。当时南相马市20–30公里的“室内避难”圈里，有居民4.5万人。在最需要信息对灾情和去留作出判断的重大时刻，却得不到任何信息，灾民实际上成为了弃民。当地民众谴责说，大媒体宣传着政府发布的“安全信息”，说这地方安全那地方也安全，但自己的记者却逃掉了，这种行为真是非常自私[1]。

显然，在“311”这样的非常时刻，日本各大媒体间形成了一个事实上的“君子协定”，即以福岛第一核电站事故现场为圆心，既然政府规定了禁区，那么谁都不要进行禁区内的报道，也不能单独外购自由撰稿人等独立新闻工作者采得的独家新闻。正因为有了这样的默契，才导致日本主流媒体记者的集体大逃离，才会出现对在核电站事故现场抢险的“福岛50英雄”那样的报道，是最早由外国记者采写再“出口转内销”的奇怪现象。当欧美报纸纷纷对“福岛50英雄”进行多角度报道的时候，习惯于依赖本国媒体的许多日本民众并不了解核电站内部究竟发生了什么，更不清楚事故现场抢险人员出生入死

---

1 上杉隆：《报道灾害·核电篇》，冬舍新书2011年版。

的真实状况[1]。这种信息盲区的出现，有其深刻的必然性。

也正是因为日本主流媒体这种“步调一致逃离现场”的集体默契，才有了让各国职业新闻工作者百思不得其解的情况：重大灾难中，媒体都是争先恐后地“抢独家”“抓线索”，对重要进展“有闻必报”，而日本各大媒体此时对送上门来的新闻线索甚至新闻成品都拒之门外，宁肯“有闻不报”。有曾在“311”时进入灾区现场采访的自由记者反映，各大媒体对于他们冒险拍摄的灾区照片，一概抵制，不购买更不采用[2]，理由近乎荒诞，“由于拍摄的是政府确定的20公里避难范围的场景”，实际原因是，大家“有约在先”，谁也不能自行其是发独家新闻而坏了“统一步调”的规矩。

（二）东京的新闻现场与记者俱乐部体制

长期以来，日本主流媒体在涉及电力尤其是核电问题时历来“谨慎”。在问题面前，没有官方或业界的公开发布，媒体是不会主动摸老虎屁股的，等到官方或业界不得已公开问题后，媒体才会照本宣科地把发布的情况报道出来，这是一种典型的“公告发表”报道模式。有时视情况的严重程度和民意走向，他们也会在报道中加入一些本就掌握却迟迟不报的“内幕”，在评论中说出一些以前该说却总是不说的“实话”，以示

1　张国良、赵日迪：《可圈可点，但并非无懈可击——来自“3·11”大地震中日本媒体表现的实证研究》，见《中国社会科学报》2011年6月27日。

2　神保太郎：《媒体批评》，见日本《世界》杂志2011年7月期。

自己践行了“社会公器”的责任，这就是日本媒体在核电问题上的报道定式。

除了不敢得罪政府主管部门、电力企业广告主的固有因素之外，日本新闻界特有的记者俱乐部制度，也是决定各媒体随着官方和业界节拍起舞的重要制度因素。日本记者俱乐部的性质，简而言之，就是日本新闻界为获得政经信息而成立的嵌入式采访组织，“政”主要指政府机构和政党部门，“经”主要指经济界大的联合组织和大企业总部，记者俱乐部就设在这些政府政党部门和企业总部的办公地点内，俱乐部成员仅限于日本各大媒体的记者。日本自古就是一个等级森严、尊卑分明的社会，记者俱乐部就是这种等级文化的产物，拥有许多特权，规矩也非常严格。其特权就是把持或垄断信息发布，其职能是把政府或企业发布的信息转变为新闻稿，其规范是所有成员都必须遵守“报道协定”，既不能在报道时间上抢先机，也不能在内容上自行其事，否则，抢新闻、挖独家的“出风头”者就等于自绝于团体，就得“自动出局”。

福岛核灾发生后，东京的首相官邸、经产省、厚生劳动省、文部科学省等相关政府部门和东电总部，承担着抢险救灾的指挥运筹重任，无疑也是媒体把握事态进展的重要新闻现场。在这些现场，媒体可以有两种方式履职尽责：一种是依旧按照平日里记者俱乐部的工作方法，等着听政府或东电的公告和信息发布，然后在此基础上进行报道。另一种则是鉴于事态的严重性，打破日常的新闻采写模式，依托通讯社获取政府的信息发布，迅速把东京各主要记者俱乐部的派驻记者聚集起来[1]，成立特别调查报道小组，奔赴灾区一线、挖掘背景信息、采写深度报道。

现实中，日本各大媒体都选择了前一种工作方式。考虑到核灾难的非常时期与核辐射的非常状态，媒体的这种选择也可以理解。但即使在这种工作方式下，如果在记者会上记者们能够就一些重大问题质疑设问，使新闻发言人不得不透露更多信息，推动政府不得不作出更到位的政策决定，这样的表现也算可圈可点。俱乐部里的这些“长期蹲点”记者在这些方面是有条件的，他们每天出入政府部门，都有不少信息线索，如果有为了公众利益抛开平日小圈子关系的勇气，完全可以做得到。但事实上，这种情况基本没有出现。相反，一些来自记者俱乐部之外的“非主流”记者因想提出一些实质性的问题，还受到了主流媒体同行的非议和排挤。

记者俱乐部的成员一方面享受着官方或业界给他们提供的工作条件上的便利，一方面把持着信息大门，拥有信息特权，不允许像杂志记者、网络媒体记者或自由记者等非主流媒体成员接近消息源。这种由大媒体垄断的信息特权组织，战后很长时间都把外国记者、杂志记者、自由撰搞人等“非主流”排除在外。随着日本的国际化和社会的多元化，记者俱乐部制度也不得不提高一些开放的程度，但也仅仅是让原来紧闭的大

1　每家大媒体在各记者俱乐部的派驻记者总数均在百人以上。

门露出了一条缝隙。即使民主党这个以改革自诩的政党2009年当政后，记者俱乐部也没有发生根本性的开放。例如在首相官邸，周一至周五，官房长官每天都要举行两场记者会，但自由记者、网络记者等只被允许参加周五下午的记者会。“311”后，“非主流”新闻媒体被获准参加的最早一场记者会，是一个星期之后的3月18日下午场，这还是经过极力争取得来的机会。

据这些体制外记者反映，在记者会上，主流和非主流、体制内和体制外之间的区别非常明显。对于新闻发言人反复强调“安全”、“局面得到有效控制”，以及对于核灾现场情况的应付性回答，主流媒体的记者依然是多记少问，或避重就轻地提问。在东电公司的记者会上，日本经济新闻社的记者依然尊称东电社长为“某某样”（日语中先生的尊称）。而当自由记者们就一些非常尖锐的问题穷追不舍时，竟会遭到读卖新闻社、日经新闻社等报社的记者站出来怒吼和训斥：“记者会不是专为你们开的！”在这样的氛围中，各种记者会要么流于政府或东电单向的、敷衍的信息发布，要么因自由记者们坚持追问而被迫停顿，交互性的、建设性的问答非常少见[1]。

日本主流媒体的许多记者已在这样日复一日听发布、等稿源、拉关系的“格式化”生活中消磨殆尽，平时是这样，危机时刻也是如此，即使遭遇福岛核灾这样的震撼也很难重

1 上杉隆：《报道灾害·核电篇》，冬舍新书2011年版。

新焕发新闻媒体应有的职业锐气，所以记者俱乐部制度也被称为“新闻记者去势术”。记者俱乐部体制下的日本新闻界，与其说是权力监督型媒体，不如说是与权力共生共存的“合作型媒体”。原日本经济新闻社记者牧野洋，干脆将二者的关系称为“官报共同体”[1]。福岛核灾发生后，日本主流新闻媒体依旧在记者俱乐部的体制内以政府和东电发布的消息为基础进行报道，因此除去一些连载、特别企画等内容，各家媒体的报道大致一样。同质化报道大量出现，根源就在于这种记者俱乐部制度。

（三）面对灾民的质问

在核灾面前，如果日本主流媒体不甘仅做政府和东电的信息播报员，而是把政府和东电记者会的信息当作初始信息，再与通过深入采访获得的信息两相对照，那么肯定可以作出更加客观和全面的判断，对灾民的救援等社会公益有所贡献。但事实上，很少有日本的主流媒体这样做，相反，尽管政府和东电在事故信息公开和事故对策措施上存在诸多明显的重大失误，但很多情况下，媒体未经“把关”就原封不动传播出去，放大了政府和企业的信息误导效应，结果使很多灾民遭受了本可避免的核辐射之灾。其中，最令人痛心的例子，就是福岛县浪江町数千灾民的遭遇。

---

1 牧野洋：《官与报的复合体》，讲谈社 2012 年版。

2011 年 3 月 12 日，浪江町的数千居民聚集在一起。在大难临头的关键时刻，却从政府那里什么指导性信息也得不到，但是他们已感到必须逃离。在没有任何信息的情况下，町长按照风向常识决定带领大家向北避难。之后，该町民众一路向北，到达了政府指定避难区域圈外的浪江町津岛地区，并在那里度过了三天三夜。小孩子在户外玩耍，大人们取河水洗米做饭，人们以为自己身处安全之地。但事实上，由于福岛第一核电站的氢气爆炸和风向的变化，大剂量的放射性物质很快随风扩散到了灾民所在的津岛地区。

2011 年 5 月 2 日，日本文部科学省首次公布了根据“放射性物质扩散检测系统”[1] 制作的 5 千张核扩散预测效果图。这时大家才知道，自 3 月 11 日下午起，文部科学省就已启动该系统进行检测，当时就检测出了浪江町存在高量放射性物质的情况，但这些信息并没有告知当地。6 月 3 日，经产省也发表信息称，早在 3 月 12 日他们就已在福岛第一核电站六公里外的浪江町检测到了放射性物质。同样，这一信息也没有告知当地。因此，浪江町的人们直到两个多月后才知道，当时他们以为是最安全的避难之地恰恰是辐射最高、最为危险的地区。但一切都为时已晚。对此，浪江町町长马场先生说：中央省厅为了“不想被迫承担责任”、“不想被批判”，选择了隐瞒核物质扩散信息的做法，而这种隐瞒信息的行为就是杀人。

1 称为 SPEEDY 系统。

马场将中央省厅的做法抨击为“杀人”，不容忽视的是，这些“杀人”者的背后还有媒体同行。2011 年 6 月 11 日，日本各大媒体又开始了他们擅长的马后炮式的灾后“检证报道”，上述很多细节就来自《读卖新闻》的曝光。在题为《核电危机 · 三个月后的检证》的连载中，《读卖新闻》批评“政府在信息公开上态度消极”。大部分日本主流媒体虽然一向以权力监督者自居，但在国难当头之际，却依然按部就班地扮演官方信息播报者的“二传手”角色，对于浪江町数千居民因信息缺失和被隐瞒而遭受“核杀”的悲剧，媒体能把失误和罪责都推到政府身上，自己却可以心安理得地逃避责难吗？

四 · 朝日新闻社和新兴媒体带来的亮色

在“311”这样空前的大灾难面前，日本所有媒体都处于一种高度紧张状态。但是，在灾后一片混乱和充满不确定性的环境下，除了同核电长期的利益关系造成的“自我束缚”和记者俱乐部等体制性限制，日本主流媒体面前还有诸多现实制约，如事故发生后的信息管制，首相官邸、原子能安全委员会、经产省原子能安全 · 保安院、东电公司等政府部门和企业对很多重大信息采取了封锁或延迟发布的做法，即使拿到记者会上来说的，也遮遮掩掩、支支吾吾，一味淡化事故的严重性，而大部分主流媒体基本是心甘情愿地被“牵着鼻子走”，公信力大大受损。又如专业知识的欠缺，由于核问题的报道需要非常专业的知识背景，尤其是“311”这样巨大的复合型核灾难，媒体在人才储备和知识储备上明显不足，记者们现学现报式的工作方法，使报道的准确度受到很大影响，也给政府相关部门及东电刻意隐瞒真相、蒙蔽舆论提供了机会。但是，态度决定高度和深度。媒体在核电问题上的态度立场，与其报道质量直接相关。

从日本几家全国性大报的具体表现看，读卖新闻社、日本经济新闻社依然坚定地维护核电，而朝日新闻社、每日新闻社则有回归曾经的怀疑和批评性立场的迹象。例如，2011 年 4 月 15 日，《每日新闻》发表了题为《灾后地震国家的核电：希望对政策进行大调整》的社论。4 月 18 日，该报编委山田孝男也在其专栏明确提出应该停止浜冈核电的营运。这是日本全国性报纸第一次提出放弃核能的观点。《每日新闻》“亮剑”后，4 月 20 日，《朝日新闻》也刊登社论，提出“应该摆脱对核电的依赖”[1]。此外，一些非主流媒体特别是网络等新兴媒体，也发挥了主流媒体难以替代的信息传播和舆论监督作用。以下就以朝日新闻社和一些“非主流”媒体为例，具体看一下核灾发生后他们的工作机制、报道内容和社会效果[2]。

1　2011 年 5 月 6 日，日本首相菅直人顶住业界压力，宣布要求中部电力公司暂时全面停运静冈县滨冈核电。

2　有关内容综合参考了日本《新闻研究》2011 年 6 月、7 月、8 月刊。

（一）朝日新闻社各部门间的分工合作机制

“311”后，朝日新闻社内部的分工基本沿用平日里政治部、经济部、科学医疗部等部门分工合作的采访机制，各部门间信息共享、各展所长。

朝日新闻社政治部的首相官邸采访组是骨干部队，共有14名记者，包括组长、副组长，以及跟访官房长官、副长官及首相秘书官、辅佐官们的“跟班记者”。平日，他们的采访分为“政局采访”和“政策采访”，“311”前记者们正忙于追踪首相菅直人的政治献金问题。灾害发生后，核事故很快成为焦点，但这些记者对核事故完全无知，因为核知识是科学医疗部记者的专长。可是协调重组面临种种限制，最终科学医疗部的记者也没有进入首相官邸采访组，但是对报道官房长官记者会中与核事故相关的稿件，政治部还是将稿件先委托有核知识背景的记者把关。经济部、科学医疗部的记者则主要追踪经产省原子能安全·保安院和东电公司，那里也有记者会召开。各部门的各场记者会见记录，都以采访笔记的形式在所有核事故采访记者间共享。

从采访报道的侧重点看，政治部主要集中于菅政权的政治判断和首相官邸面向国民的信息发布。采访中他们也遇到了不少困难，比如“311”后的几天，首相、官房正副长官等重要首脑都住到了首相官邸。平日从高官进出首相官邸的移动过程中，记者们还可以见缝插针地抓到一些采访机会，而灾后，基本只有记者会、记者共同采访等“随大流”的采访。此外，平常对首相的“随身采访”也以“忙于救灾没有时间”为由被取消[1]。

经济部的采访报道主要集中于灾害造成的经济影响以及东电的计划停电。自3月14日起，东电的记者会分为核事故记者会和停电记者会。核事故记者会的会场仅可容纳40人参加，东电方面没有高层人物出席；而停电记者会的会场可容纳300人，由东电副社长藤本孝撑场。从这种安排中也不难看出东电的“苦心”，即尽可能把人们的注意力从核事故上转移，更多地让大家聚焦于电力短缺问题。此外，对记者会的举办时间东电并不事先通知，而且经常两场会见同时举行，这样也给采访人手的安排造成了困难。

朝日新闻社科学医疗部成立于2010年2月，由科学部与医疗部合并而成，包括编委共有50名成员。地震后，科学·环境口与医疗·医学口各出3位组长共6人，分别负责地震、海啸、核事故、灾区医疗、核辐射医疗、综合报道各路记者的采访。同时，该部还要为报社其他部门的记者提供核报道背景的信息知识支持。

（二）有关核事故的报道脉络和特点

“311”前，首相菅直人由于接受外国人政治献金问题在

1 首相官邸的首相“随身采访”开始于前首相小泉纯一郎时代，当时是一天两回。菅直人上任后改为一天一回。2011年3月11日当天取消后，一直到7月都未恢复。

国会被在野党追究，政治地位已经岌岌可危。福岛核灾发生后，“跛脚首相”的处境并未因国难当头而扭转。朝日新闻社继续对菅直人穷追猛打，这种态势主要体现在政治报道方面。政治部对菅直人救灾政治发出质疑的第一个标志性时间节点是3月15日，由于12日东电福岛第一核电站1号机、13日2号机相继发生氢气爆炸，菅直人已难以在首相官邸待得住了。3月15日清晨4点17分，他把东电的清水正孝社长叫到首相官邸，大声训斥，然后对记者表示要由政府和东电共同成立事故对策统合本部，自己担任本部长。之后，他本人又亲自去了东电本部。在朝日新闻社政治部记者看来，首相的暴怒和与民营公司共同成立对策本部的做法已属失控，这表明核事故的事态已滑向了不可控制的深渊。出于这种焦虑，3月15日该报的晚报登出了题为《危险的危机管理，首相自己去了东电》的批判性报道。

“311”之后的一周，核事故丝毫不见好转。但另一方面，岩手、宫城两县的救援不力问题也显现出来。3月17日，首相任用仙谷由人为官房副长官，于是《朝日新闻》的官邸采访小组也兵分两路，一路是核事故的对应，追踪首相、官房长官枝野和首相辅佐官细野，另一路是灾区救援，以仙谷由人为追踪的中心。这个过程中，菅直人在政治、人事上又有新动作，比如给自民党总裁打电话邀其入阁但遭拒，任用一些“官房内阁参与”，调整首相辅佐官人选，同时还成立了复兴构想会议。种种情况异乎寻常，更加剧了政治部记者对首相政治能力的怀疑，对菅的批判进一步升级。如 3 月 29 日，该报早报的新闻是《菅首相不断变换震灾人事，更换辅佐官、增加参与》，4 月 2 日早报的新闻是《没有司令指挥塔的复兴之路》，4 月 7 日早报又报《撇开国会议员的复兴会议，首相谋求主导》。这些深度报道，向世人披露了日本大难当头时仍然无休无止的复杂政争。

但这种批评基本上还是随着政府“议程设置”的被动跟进。2011 年 4 月 12 日，日本原子能安全·保安院宣布将福岛核事故升为七级。也从此刻起，日本政府把最核心的议程从核电站“修复”转变为灾区的“复兴”，而包括朝日新闻社在内的各家媒体，报道的重点立即随着政府政策的异动发生变化。在灾后一个月的时候，虽然核事故的解决还遥遥无期，但主流舆论的关注已随着政府的鼓点转到善后事宜上了。这一阶段，朝日新闻社政治部的报道焦点开始对准第一次补正预算案和以第二次补正预算案为目标的财源讨论。

到灾后两个月临近之际，政治部记者眼中最大的新闻事件，就是首相作出了中部电力滨冈核电站的停运决定。5 月 6 日，首相突然召开记者会，宣布要求中部电力全面停止浜冈核电站，因为该电站有地质上的潜在危险。5 月 10 日，《朝日新闻》的早报刊登题为《政权说服电力业界，强调例外》的报道，称首相此次决定并未经过事前的沟通，而是向中部电力突然袭击提出的要求。

从上可以看出，朝日新闻社政治部虽然全力以赴进行灾后政治报道，但其长期形成的思维惯性实在太大，以至于在空前的国难面前，他们依旧没有跳出“政局”、“政争”式的政治报道的套路。

朝日新闻社经济部的报道主要围绕停电计划可能带来的影响。自3月14日起至28日，东电实施计划停电。3月29日，东电宣布将中止原计划29日实施的全国大面积停电，照常供电。虽然停电叫停，但有关夏季用电高峰出现缺口有可能导致大停电的担心并没有消失。在这种恐慌心理下，4月2日《朝日新闻》早报报出《电力使用限制令，可能今夏启用》的新闻。自1973年第一次石油危机后，具有强制性的电力使用限制令就一直没有启用过，一旦启用，将对产业界造成巨大影响，这也是该社经济部报道关注停电的原因所在。5月份，菅直人政权提出电力削减15%的目标，朝日新闻社经济部的报道重点又转到中长期内节电对日本经济的影响。

该社经济部另外一个报道重点就是东电的赔偿问题。因为赔偿金额规模达数兆日元，东电一家公司显然无力承担，所以政府的赔偿支援框架成为采访焦点。经过为期一个月的采访，在政府5月13日赔偿支援框架案出台前后，朝日新闻社的报道准确地点明了这个赔偿案的本质，即政府还是以东电公司的存续为前提，所以赔偿负担最终还是会通过电费涨价的方式转嫁到民众头上。5月12日的报道为《东电赔偿，电费埋单》，14日的报道为《赔偿方案充满漏洞》，都可谓一针见血。

（三）敢于独立判断的科学医疗部及其报道亮点

总体看，有关福岛核灾的早期报道，朝日新闻社科学医疗部的表现最为突出。这很大程度上要归功于该部的原主任太牟田透。太牟田是广岛原子弹灾民的后代，对民众遭受的核辐射之苦有切身之痛。在长期的工作中，他本人也成为核报道方面的专家型编辑记者。2011 年 3 月 12 日东电公司福岛第一核电站 1 号机爆炸后，太牟田敏锐地意识到事件的严重性，他自告奋勇地向该报总编西村阳一提出请求，希望能在总编身旁，从全局来把握东电本部、东电福岛核电站、原子能安全·保安院和首相官邸等各方面错综复杂的信息。太牟田的建议得到了总编的许可，此后他一直坐镇总编室，直到 4 月 1 日，为时三周。

在这三周期间，由于有专业编辑记者的参与，朝日新闻社的核事故状况报道非但没有出现大的差错，而且是比较早、比较尖锐地指出了事态的严重性。例如，1 号机爆炸后，该报在标题中首次鲜明提出“堆芯熔化”的问题，这比官方和东电的宣布早了三个多月。此外，该报还特别报道了文部科学省“放射性物质扩散检测系统”已经启动的消息，这对于日后的信息公开起到了很大的促进作用。而且，科学医疗部根据掌握的放射量推测指标，在 3 月 25 日的早报上率先报出《福岛事故严重程度超出 6 级》，在当时这绝对算是独家的大胆报道。为增加民众对福岛核事故严重程度的重视，该部还采取了多发表署名解说、署名文章等方式，以“非官方”的形式提醒民众早做准备。此外，有关放射线、放射性物质等复杂问题，该部还用“问与答”的形式向读者普及知识。

在当时官方信息统制、隐瞒不报、迟报漏报误报不断的情况下，朝日新闻社科学医疗部的这些报道无疑是日本主流媒体灾难报道中的亮点。而以太牟田为首的该部记者之所以能做到这一点，除扎实的专业知识背景外，敢于直面问题的科学态度和站在弱势民众一方的新闻职业精神也是不可或缺的。在此后的回忆文章中，太牟田直截了当地说:“东电、保安院发表的信息不可信，这些部门以状况不能确证为由，不当地极力缩小事故后果的评价，把周边居民的安全放在一边。媒体如果不能独自判断，会是非常危险的情况。”当时，朝日新闻社内对他们这种大胆的报道也有质疑，但太牟田及其同事顶住了压力，坚持了自己的主张。

（四）来自“非主流”记者及社交媒体的变革

通过分析可以看出，如同日本整个政治体制存在的僵化、低效、内耗等弊端越来越严重一样，与上层建筑相对应的意识形态装置——日本主流媒体的种种流弊也积重难返，看不到革故鼎新的希望。这些问题，既有发达资本主义国家主流媒体共性的一面，即大媒体基本上是利权合作型的，且越主流越合作，大媒体被大资本掌控、为大资本服务，虽有批判首相等政客的“自由”，但也仅止于党争、政争的范围而已，背后大资本利益的“高压线”是绝对不能触碰的；也有“日本特色”的一面，特别是记者俱乐部制度，主流媒体纠结在一起，依附在各种利益团体身上形成一种奇特的“利益共同体”和“利益自闭体”，对外实行信息垄断的“话语霸权”，对内则是“枪打出头鸟”“出头椽子先烂”的平均主义“大锅饭”。这些根本性的弊端，虽在福岛核灾发生之初已凸显无遗，但从主流媒体内部看，仍然是既无改革的动力，也无变革的活力，各种矛盾依然故我，甚至每况愈下。如上面提到的太牟田在回忆文章中，难以掩饰自己的悔恨和失望：“为什么事故前，媒体没能充分指出原子能行政的缺陷？自己虽是核灾民的后代，却也不能挺起胸膛说自己曾对防止灾难发生做过什么。”他认为要消除民众对媒体的不信任，必须对事故的深层次原因进行彻底检证，追问国家及电力公司的责任，而且也必须对以往的核电报道作出全面而深刻的检讨。但迄今为止，这样的声音和做法在日本新闻界还是少数。

相比之下，在“311”当时的报道中，来自体制外或体制边缘的一些媒体和自由职业记者却带来了不少亮点。日本的一些周刊杂志和NHK教育频道等非主流媒体或主流媒体中的非主流分支，反而进行了一些有分量的监督报道。如2011年5月28日号的《周刊现代》[1]，就曾爆出一个惊人的消息，称文部省公布的各地的辐射量数据有问题，因为有些数据是在地面上空几十米的高度测量的，例如东京新宿区的检测点就是在地面18米

---

1 见日本《周刊现代》2011年5月16日刊。

的上空，而在18米上空检测的放射量仅为常人活动高度（1米）放射量的一半。而且，由于文部省没有公布全国统一的检测高度标准，所以各府县等地方自治体的检测标准各不相同，数据的有效性和参考价值需要大打折扣。这篇调查报道一石激起千层浪，随后《朝日新闻》在5月27日的晚报上登载了题为《放射线测定值，为何不统一？机器设置地点的高度，交由自治体定夺》的报道。在这些舆论压力下，自2011年6月14日起，文部省开始公布统一在地上一米处测得的各地的辐射值。

此外，2011年4月3日，NHK教育频道ETV特集播放了《在核事故的土地上》，5月15日，又播放了《放射能污染地图：福岛核事故两个月后》，这些节目详实而有科学根据地传达了福岛核事故的严重状况，在民众中引起很大的轰动。NHK是日本绝对的主流媒体，但教育频道ETV特集相对要边缘得多。正因边缘，反而能在关键时刻独立地报道出事实真相，这也从反面再一次印证了主流媒体的主流部分如NHK新闻频道的缺位。

而在更广泛的社会层面，随着日本公民社会的发展，民众对主流和体制内媒体的失望和不信任感日益上升，自由职业记者随之兴起，他们的网上传播活动也在一定程度上撕开了主流媒体圈编织的“舆论幕墙”。在“311”核事故的报道中，NIKONIKO动画、Ustream等社交媒体异军突起[1]，成为值得

1　参见《自由报道协会追踪报道的311》，日本自由报道协会编，扶桑社2011年版。

关注的现象。

虽有朝日新闻社的上述亮点，但无法改变日本主流媒体整体缺位的大趋势。当这些大媒体也成为“原子能村”核能利益集团“政官产报学”的支柱之一时，缺少舆论监督的日本核能体制、核能政策，即使面对福岛核灾也仍然没有任何深刻的反省，丧失了改革纠错自新的动力，只会一步步错上加错地走下去。随着越来越多的自由职业记者、普通民众利用社交网络自我组织、自我动员、自我疗伤，持续表达对福岛核灾的关注，主流的和体制内的媒体公信力衰落了；随着越来越多的民众宁肯以重金自己采购仪器设备对核辐射自测自检，政府和企业的权威衰落了。这种趋势，在“后311时代”的日本正越来越明显。

第六章

『后311时代』日本『核』去『核』从

2012 年以来是日本核政治发展演变的关键时期。围绕着“后 311 时代”日本核能政策的走向，政党、民众、媒体、盟国等各种力量之间展开一系列博弈，结果以民众高呼“去核”为始，以“去‘去核’”的政府上台告终，形成了上下扭曲的局面。2012 年年底，安倍晋三率领自民党重新执政后，日本在核问题上的立场方针出现了明显回潮。未来日本将一方面加快国内核能产业的重启重建，一方面加大力度推动核电出口，在继续积蓄核能技术、核武潜力的基础上，力求维持其在国际核领域的地位和话语权。

一 · 2012 年：民主党的核能政策

“回首 2012 年，记忆的起点已经模糊不清。也许，将这一年说是‘311’之后的年份，让人来得更明白。虽然去核能的声浪在这一年持续蔓延高涨，但时至岁末，选出的却是一个去‘去核能’的政权。”这段话，是 2012 年 12 月 30 日《东京新闻》特报版年终回顾篇的开头，寥寥数语，却点出了 2012

年围绕着核能议题，日本舆论与政治之间呈现的令人费解又耐人寻味的关系。

（一）核能政策成为日本政治与社会博弈的焦点

在日本，核能是一个重要但又讳莫如深的问题。说其重要，是因为日本作为一个能源和军事发展均有很大局限的国家，二战后其权力阶层长期将核能产业定位为能源自给和安全威慑的基石。说其讳莫如深，是指这个产业虽然表面上标榜“民主、自主、公开”的原则，但实际上却始终保持着秘密主义和小圈子主义的封闭状态，对于来自新闻媒体、民间舆论的外界监督，要么实行金钱收买令其噤声，要么用“神龙见首不见尾”的种种手法回避躲闪。除非出现遮盖不住的事故，安全管理中的严重问题些许曝光，平时日本普通民众很难发现核能产业的“真身”，更谈不上能够“民主”、“公开”地参与决策。

但是，“311”改变了这一切。在危机的漩涡中，核泄漏事故处理举步维艰，福岛20多万灾民流离失所，福岛周围海域鱼类所含放射性核物质超标而且污染数值持续攀升，普通民众陷入惶恐不安。这些灾象，与现有核电站是停运还是重启、核能管理体制是否应改弦更张、未来核能政策何去何从等问题交织在一起，纷列杂陈，剪不断理还乱，引发了空前活跃的社会运动和舆论呼声，多年不见的数以万人计的民众集会和周复一周的抗议游行不断出现，媒体的大型连载、报道评说也纷纷出笼[1]。作为连锁反应，2012年的日本政治形势再次出现剧烈动荡。野田内阁由于既不敢得罪核能利益集团而积极推动大饭核电站的重启，但也不得不考虑反核社会运动的巨大能量而总想作些“去核”姿态，这种骑墙态度在其能源环境战略的制定过程中两头不讨好。另一方面，顺应反核民意匆匆创立的第三极“未来党”，却在众院选举中一败涂地，随即迅速分崩离析。在民意摇摆、选情胶着的扑朔迷离中，对核能政策始终态度暧昧、闪烁其词的自民党东山再起。安倍重新上台执政后，很快全面推翻了民主党的政策，使“去核”方向彻底逆转。

在2012年的日本，核能问题是一个蕴含了尖锐舆论争议与政治对立的议题。在这中间，既可以看到大众通过社会运动对当局的抗议与诉求，也可以看到当局内部的分化与斗争，还能够看到各种政治势力由此产生的多重龃龉和纠结，如民主党内部、民主党与自民党、中央政府与地方自治体、政官产三界，甚至美日两国之间，对同一议题的不同立场和相互冲突。日本的主流媒体，特别是几家全国大报也出现了阵营分化，大致上，《产经新闻》、《读卖新闻》、《日本经济新闻》等媒体倾向“保核”，而《东京新闻》、《每日新闻》、《朝日新闻》等媒体则倾向“去核”。

---

1 如《朝日新闻》的大型连载《普罗米修斯的咒骂》,《每日新闻》的连载《东日本大震灾》、《这个国家与核电》,《东京新闻》的连载《日美同盟与核电》,《产经新闻》的连载《核电可以从九州消失吗？》,《福岛民报》有关东京电力福岛第一核电站事故的一系列特集、连载，等等。其中，朝日新闻社、福岛民报社的这些连载报道获得了2012年度日本新闻协会协会奖，东京新闻社的核电相关报道获得2012年度日本记者协会（JCJ）奖。

日本由“311”引发的矛盾盘根错节，但从时间顺序上可以梳理出三条较为清晰的脉络。首先，是关西电力大饭核电站3、4号机组的再启动问题。其次，是围绕着“后311时代”日本核能政策修订的争斗。最后，是发端于2012年9月的核能管理新体制、新举措与年末自民党安倍政权对核能政策的逆转。沿着这条脉络可以探寻“后311时代”日本核能议题中各类政治角色的态度，同时分析日本社会与政治之间为此展开的博弈和互动。

大饭核电站的重启，是检验此时核能政策的重要指标。2012年1月4日，日本首相野田佳彦在新年记者会上公布了未来工作的三项重点，都与福岛核灾有关：“311”灾区的重建复兴、核事故处理工作的收尾、经济的再生。关于第二点，此前的2011年12月16日，日本政府已正式宣布福岛第一核电站核反应堆达到稳定的冷停堆状态，核事故处理第二阶段日程表的任务已经完成。这当然是自欺欺人（详细分析可见第二章和第四章），但毕竟有了一个说法。此时，不论如何评价福岛核事故的处置进程，日本举国上下更关心的一个大问题是：福岛之外的其他核电站怎么办？人们的目光不约而同转向了关西电力的大饭核电站。

大饭核电站成为焦点原因很多。“311”之后，日本54座商业核电机组要么停堆检修，要么重新进行安全测试，全国基本处于一种无核电状态。而且，2011年，服务区域以东京为中心的东电公司通过节电等措施，顺利度过了夏季用电高峰。此时，主张“去核”并公开表示要建设“不依赖核电社会”的首相菅直人已在2011年8月末被赶下了台。但日本能否成为一个彻底的无核国家，2012年时仍具有前所未有的不确定性。因为按照日程安排，东电柏崎刈羽核电站6号机组将于2012年3月26日、北海道电力泊核电站3号机组将于2012年5月5日开始例行检查，随着这两个机组停机，届时日本所有的核电站都将处于停运状态。因此，是否重启、何时重启停运的核电站，更具体地说，能否在5月5日零核电状态到来之前对此作出决断，带有重要的指标意义。正是在这种背景下，已通过有关核查、处于“启动”窗口的关西电力大饭核电站，何去何从，首当其冲。

围绕停运核电站的重启问题，有三方力量非常活跃：第一方可以称为积极派，以野田首相、相关阁僚、经产省官僚所代表的政界主流及产业界为主。第二方是消极派，以游行示威的反核民众为主。第三方则是貌似谨慎实则积极的两面派，以核电站所在地方的当权势力为主。实现核电站的重启，需要迈过三道门槛：第一道是技术门槛，要通过核能安全主管部门，主要是日本经产省核能安全·保安院以及国家核能安全委员会的安全审查。第二道是政治门槛，即由首相与官房长官、经产相、核事故担当相等三个相关阁僚在综合考量的基础上做出是否重启的政治判断。第三道是核电站所在地方的门槛，即能否获得地方自治体行政首长的首肯。三方力量，三道门槛，在大饭核电站重启问题上的较力空前激烈。

大饭核电站之所以成为“再启动”的头号候补，并非因为它安全做得好，而是因为其他两个原因：第一，在关西电力的供电结构中，核电比例比较大。按照日本政府的预测，如果2012年出现酷暑天气，在无核电的情况下，关西电力最大的供电缺口将达到25%，而全国的平均缺口比例为9.2%。第二，大饭在核电站安全耐力测试评估的审核排队中位置靠前。"311"之后，日本核能主管部门要求各电力公司对其核电机组进行安全耐力测试[1]。经产省核能安全·保安院要求在2011年底上交两次评估的结果报告。但到2012年年初，仅有八家电力公司的16个核电机组向保安院提交了第一次评估结果，其中大饭核电站3号机、4号机提交报告的时间最早[2]。也就是说，不是大饭核电站更安全，而是它接受安全检查态度好。

（二）大饭重启之门是如何打开的?

2012年1月18日，经产省核能安全·保安院认可了关西电力的第一次评估报告，这对于核电站的重启具有重要的指标意义。但是严格地说，大饭核电站并没有按照经产省的要求，提供完整的两次评估测试报告。而且，在经产省核能安全·保安院的专家会议上，有专家提出，大饭核电站所处的若狭湾存在着三个断裂层，进行安全压力测试时，应该把三个断裂层联

1　安全耐力测试，主要是检验核电站设备在遭遇超过设计指标上限的巨大地震或海啸时所具有的防范堆芯熔化等重大事故的承受能力。该测试分为判断核电站能否再次启动的第一次评估与判断发生堆芯熔化后能否继续运转的第二次评估。

2　关西电力公司大饭核电站3号机组安全耐力测试第一次评估报告提交于2011年10月28日，4号机组第一次评估报告提交于2011年11月17日。

动地震的情况考虑进去。对此，关西电力坚持发生“三联动”地震的可能性极低，而他们所做的安全耐力测试仅假设了两个断裂层联动的状况[1]。因此，从技术角度看，有关大饭核电站3、4号机组的安全报告可说是明显“缺斤短两”，但这并未影响到审核部门的放行。因为同保安院的视而不见一样，日本国家核能安全委员会以“正在研究”为由，决定对地震“三联动”问题不予讨论。由于关西电力与经产省、国家核能安全委员会的内外配合、相互呼应，日本重启停运核电站的大门被推开了。

似是而非的“安全”指标被突破后，积极派的舆论造势再次聚焦于“效益”，即核电停运会造成电力不足，影响经济增长。早在2011年7月，政府的能源·环境会议就曾发表预测，称2012年夏天如果所有核电站停运的话，日本全国将出现约10%的电力缺口。2011年7月13日，时任首相菅直人表态要“去核电”后，日本经团连会长米仓弘昌立即表示反对，称如果不重启停运的核电站，日本势必出现电力不足或电力供应不稳的状况，并将直接影响到产业尤其是制造业的发展，进而动摇日本的经济基础[2]。这一直是经济界、政界“保核”积极派的主要论调。

但是，日本政府对电力不足的预测和经济界对效益的担忧随即收到了挑战。2012年1月23日，也就是经产省给予大

1 见《每日新闻》2012年3月15日的相关报道。

2 见2011年7月19日《每日新闻》对经团连会长米仓弘昌的专访。

饭安全认可的第五天，《每日新闻》的一篇颇具爆炸力的独家报道称，在2011年7月公布的电力不足预测报告（以下称"不足报告"）之外，政府手里还握着一份电力盈余的预测报告（以下称"盈余报告"）。按照"盈余报告",2012年夏季，即使"零核电"且不限电，日本的电力供应也可能出现6%的盈余。"盈余报告"是2011年6月下旬，按照首相菅直人的指示，国家战略室首相助理小组越过能源·环境会议，直接向经产省索要数据计算的，8月得出预测结果，但当时菅政权已岌岌可危，所以这个报告最后没能公开发表。那么，"不足报告"及其缺口数字又是怎么来的呢？原来，政府部门和有关利益集团"为了强调核电站重启的必要性，而过小估计了各电力公司的供给能力"，如再生能源发电总量可达759万千瓦，相当于七座核电机组的发电量，却根本没有被统计在内。

电力究竟是不足还是盈余，对其进行分析预测无疑需要很高的技术含量，所以即使"盈余报告"没有公布，但报告本身政府是掌握的，而且既然2012新年后被媒体曝出，按道理应该引起各方关注，重新进行讨论。然而，不可思议的是，主张重启的各方把"盈余报告"看作根本不存在，依旧坚持着"电力不足"的老调。更令人奇怪的是，《每日新闻》的这篇报道并没有"一石激起千层浪"，即便在新闻界业内也孤掌难鸣，迅速淹没在各方要行动起来重启核电的声浪中。显然，主张重启核电的积极派此时不仅控制着政府有关部门，也在很大程度上操纵了舆论。

2012年3月11日是“311”一周年纪念日。在当天的记者会上，首相野田佳彦在回答有关核电站重启问题时表示，只要核能安全委员会确认安全，他将与其他三位相关阁僚一起，立刻开始讨论安全性及争取核电站所在地同意的各种事宜，作为首相，他将一马当先进行说明解释工作。对于首相这番言论，经团连会长米仓弘昌马上表示欢迎[1]。确实，与前首相菅直人相比，野田的表态充分显示了他与经济界息息相通、志同道合。在2012年3月11日这个时点上，核能安全委员会的最终结论尚未出台，首相这番讲话“倒逼”、引导、推动的政治意味不言而喻。

与此同时，2012年3月13日，日本经济同友会发表了景气定点观测调查结果，称48.6%的制造业经营者会员，把“包括核电站再启动在内的电力稳定供给”作为对政府的政策诉求。即使主张“缩核电”的谷川闲史干事长也表示，短期内国家应该承担责任，推动那些安全得到确认的核电站重新启动[2]。3月16日，由退休学者、经营者组成的民间组织“民间能源临调”[3]受到首相接见，并面呈了他们的建议书，主张应该在确认安全之后，尽快重启停运核电站[4]。

2012年3月23日，国家核能安全委员会对保安院的审查

---

1 见《每日新闻》2012年3月15日的相关报道。

2 见日本经济同友会2012年3月13日记者见面会纲要，http://www.doyukai.or.jp.

3 会长为原东京大学校长有马朗人。

4 见《日本经济新闻》2012年3月16日的相关报道。

结论予以确认。重启工作的技术门槛已经完全迈过，接下来还有政治门槛和地方门槛。但从“311”周年纪念日野田的表态来看，政治门槛根本就没有问题。果不其然，自4月3日起短短五天的时间，首相及相关三阁僚共四人，经过三次会议，就发布了大饭核电站重启工作安全的结论。为了下一步顺利迈过地方门槛，四人会议还做了两项工作：第一，应大饭核电站所在地福井县地方政府的要求，拿出了一个新的安全标准。当然，这个匆忙制定的新标准，更多的是“纸上谈兵”，因为其中提出的一些目标措施，各核电站都不可能在短期内完成。第二，4月5日，由官房长官藤村修发布口径，称所谓重启需要地方同意，并不是法律义务，而衡量是否获得地方同意的标准，在于“政治判断”。此外，所谓的地方仅指福井县，不包括相邻的滋贺县、京都府、大阪府等周边自治体。这一番铺垫之后，2012年4月14日，枝野经产相被派往福井县，与县知事西川一诚及大饭町町长时冈忍见面，争取“理解”。至于周边自治体，仅派出经产省核能安全·保安院的工作人员前去“说明”。

对于核电站所在地的福井县来说，大饭是否重启确实两难。一方面，因为福岛核灾的惨剧，地方官非常清楚所承担的责任，必须顾及民意、保证安全。要在这方面有所交待，需要拿出一个官方的“安全标准”，还好，野田政府很快就炮制出了标准，有了这个道具，中央和地方政府默契配合的“双簧”就可继续演下去。2012年2月《每日新闻》所作的舆论调查表明，约八成接受核电站重启的地方行政首长，都是把政府新的“安全标准”作为说服民众认同重启的挡箭牌。另一方面，他们更迫不及待地要经济效益。以福井县为例，该县有 14 个核电机组，位居全国首位。核电站的停运无疑直接打击了地方的就业、消费及其经济运行。而且，对地方政府来说，根据“电源三法”规定征得的交付金，在财政收入中占据相当比例[1]。所以，在 2012 年 2 月 23 日与经产省副大臣会谈时，福井县西川知事表示，“核电是日本经济的重要基础电源。作为地方，愿意不遗余力地进行合作”。当 4 月初首相官邸就大饭重启进行政治讨论时，西川虽然表面上保持沉默，但据身边人透露，其真实想法是希望核电站能尽早重启[2]。

但福井周边的京都府、滋贺县，包括关西电力的大股东所在地大阪市，对重启则持慎重或反对的态度。作为核电站的邻居，他们认为一旦发生核事故，无疑会波及自身，因此在重启事宜上，他们要改变长期无权发言的被动状态，要求中央政府听取他们的意见。2012 年 4 月 1 日，大阪府及大阪市能源战略会议决定，将向国家和关西电力提出大饭重启的八项条件，其中一项是重启需获得大饭核电周边 100 公里圈地方自治体的同意，这其中也包括了炙手可热的政治新星、放言要进军中央政治的大阪市市长桥下徹的地盘。4 月 12 日，滋贺县知

1　例如在东京电力公司柏崎刈羽核电站所在的柏崎市 2011 年度的预算案中，核电相关收入为 71 亿日元，占年收入的 13.7%，核电站所在地刈羽村由此而来的财政收入占比更高，达到 39.2%。

2　见《每日新闻》2012 年 4 月 16 日相关报道。

事嘉田由纪子与京都府知事山田启二共同视察了大饭3、4号机组，并对其安全措施提出了质疑。一时间，相邻地方自治体的态度，似乎对积极派的重启举动构成了有力制衡。

但是没过多久，地方自治体的这个统一战线就出现了松动。据滋贺县的嘉田知事回忆，进入5月后，关西电力开始逐家拜访大企业的事务所，强调如果不重启核电，计划停电将在所难免[1]。经济界营造的这种恐慌情绪，很快对自治体首长产生了影响。2012年5月30日，日本共同社的一篇报道称，由邻近府县组成的“关西广域连合”就大饭核电站的重启发表声明，称将在附带一些条件的前提下，委托中央政府做出最终判断。共同社的评论称，此举事实上认可了大饭的重启。[2]同一天，日本政府确立了重启大饭的最终方针。6月16日，野田政权正式宣布重启。7月1日，3号机组启动运行。“311”后，日本的核电重启终于变成了现实。

二·反核社会运动及“2030年零核电”能源战略

在政经两界相互配合、紧密互动的同时，社会大众对重启核电站的反对意见和行动也在不断积聚升级。自“311”后，

---

1 见《每日新闻》2012年7月13日相关报道。

2 见共同网，http://www.47news.jp.

东京及日本各地的反核运动此起彼伏。从关联性上看，这些社会运动有受“阿拉伯之春”、“占领华尔街”等世界性社会运动影响的因素，但更多还是日本政治经济形势深刻变革背景下应运而生的产物。换言之，民众以核电安全问题为源点，生发出一系列对关乎日本国家根本的民主、民权、民生等问题的诘问和抗议，这从游行示威群众的口号中可以看得很清楚。自发的社会运动与高度组织化的政经势力，围绕着国家的核能政策，发生了空前的碰撞，为今后日本的走向，埋下了诸多伏笔。

（一）反核民意的裂变与民主党的分化

与2011年相比，2012年的反核群众集会和抗议活动持续展开，且规模更广、影响更大，其中不乏一些新变化：第一，抗议目标更明确地指向最高权力机构。如增加了新的抗议据点，继在经产省前发起“帐篷占领活动”之后[1]，从2012年3月29日起，每周五晚首相官邸前都有反核抗议游行。6月29日，大饭核电站即将重启之际，民众开始连续多日在官邸前集会，7月20日一天的人数就达9万人[2]。再如,2012年3月11日有1.4万人、7月29日有20万人[3]包围国会，这是继1960年安保斗争以来最大规模的包围国会活动。第二，民众运动坚持非

1 “帐篷占领活动”是指在经产省前搭起帐篷、安营扎寨搞抗议的活动，开始于2011年9月11日。

2 此为主办方公布数字，警方公布的数字为7千人。

3 此为主办方公布数字，警方公布的数字为1.2万人。

暴力，政府的反应一方面表现出温和的倾向，例如减少逮捕示威者[1]，又如在进行能源、环境战略决策时，首次导入民众意见听取会、讨论型舆论调查等形式；另一方面也开始使用迂回或变相的方式，限制民众集会。例如对集会、游行的空间进行严格限制，不允许占用车道或超出划定范围。又例如对民众提交的 11 月 11 日在日比谷公园举行集会的申请，就以违反公园管理规定为由未予批准。

前已反复述及，日本核能产业长期奉行秘密主义、小圈子主义，但“311”之后，核事故万劫不复的影响不仅摆在普通民众面前，也迫使“原子能村”不得不对日本的核能政策重新审视。“政官产报学”五角同盟发生松动和分化，尤其是其中的“政”、“报”、“学”三个方面，包括民主党内部，都出现了一些比较鲜明的反核势力，并与反核社会运动形成不同程度的互动。这种背景下，民主党政权要制定“后 311 时代”的能源、环境战略，对其党内与党际、精英与大众、秘密与公开的政治平衡能力构成严峻考验。

“能源 · 环境”会议成立于 2011 年 6 月，即“311”之后的三个月。彼时，在核电问题上，时任首相菅直人与各电力公司和经产省、财务省的矛盾越来越深，斗争趋于白热化：官

1　2011 年 9 月 11 日反核游行时，日本警方曾一次逮捕了 12 名示威者。9 月 29 日，柄谷行人、小熊英二、鹈饲哲、雨宫处凛等知识界、舆论界知名人士在东京外国记者俱乐部召开记者会，抗议不当逮捕，并呼吁游行和集会自由。相比之下，2012 年的逮捕人数和关押时间明显减少。从报道的信息看，在 7 月 29 日包围国会行动中，警方仅以妨碍公务之由逮捕了两名游行者，且在 31 日即以保留处分为前提予以释放。

僚开始利用媒体对首相进行抹黑报道，首相也干脆利用“311”后民众的反核电态度和对经产省的不信任情绪，把制定能源政策的权限从经产省资源能源厅拿到内阁官房的国家战略室，成立了能源 · 环境会议，由国家战略担当大臣牵头[1]。2011 年 7 月，该会议确定了未来“将尽可能减少核电依存度”的基本理念，日本的能源政策看似将发生一百八十度的大转变，因为 2010 年的能源战略还把核电定位为“国家基础电源”，准备大力发展，目标是在 2040 年将核电比例由 2010 年的 26% 提升至 45%。所以，“减少核电依存度”、“建设不依赖核电社会”的政策一露头，立刻引起核能利益集团的激烈反对，而随着菅直人在这场政治决斗中的失败，制定“去核”新战略的能源·环境会议及相关工作很快也陷于停滞。

2011 年 10 月 21 日，继任的野田做出内阁决议，确认仍由该会议负责制定短中长期的新能源 · 环境政策，并指示新政策要有创新性，“修正以往能源政策中的歪曲、脆弱之处”。野田之所以在能源政策上沿用前内阁的人马和路线，主要在于两点原因：一是菅直人落马的教训表明，“去核”势必会触动一个强大利益集团的“奶酪”，所以不再另起新灶，可以使自己与这个棘手问题保持距离，静观其变。二是野田认为，从中抽

1　有关菅直人与各电力公司、经产省、财务省之间的矛盾冲突及菅政权溃败的过程，可以参见大鹿靖明：《堆芯熔化：福岛第一核电站事故纪录》，讲谈社 2012 年。作者通过采访 125 名亲历者和相关人士，详细描述了福岛核事故发生后方方面面的反应及其间错综复杂的关系。该书在很大程度上，也是对危机时刻日本权力系统“堆芯熔化”的翔实纪录，出版后在日本广受好评。

出身后，可以把精力更多地投入运作消费税增税一事，因为野田上台前曾明言将以财政重组作为自己的主要政策，至少在那时，他还是很想在兑现这一承诺上有所作为的。

然而，进入 2012 年后，新能源政策尚未问世，但大饭核电站的重启却越来越带有箭在弦上的紧迫性，与之相对应，民众的反对浪潮也再次升温。自 3 月 29 日，每周五首相官邸前的抗议活动开始定期化，至 6 月初，人数已从初期的三四百人暴增100 倍，多时能达到4.5 万人[1]。在党内政治层面，为了防止党内分裂，2012 年 2 月，民主党干事长舆石东任命菅直人为党能源政策最高顾问，这为以"去核"为目标的前首相提供了一个新的活动舞台。4 月 12 日，以菅直人、前参议长江田五月为最高顾问的"思考去核路线图之会"成立，首批加入的民主党国会议员有 71 人。成立后，该组织与饭田哲也等主张发展新能源的民间人士一起，频繁举行会议，研商去核以及替代能源方案。

野田内阁在党内党外的双重压力下，6 月 15 日，藤村修官房长官在首相官邸会见"再见核电 1000 万人行动"小组代表内桥克人、大江健三郎、泽地久枝等人，该小组很早以前就申请与政府见面表达去核意愿，这次终于如愿以偿，即当面请官房长官向首相转交部分去核签名者目录，当时签名人数已逾

1　此数字来源于抗议活动组织者的"首都圈反核电连合"，网站：http:// coalitionagainstnukes.jp.

750万。但是，仅一天之后，野田却正式宣布重启大饭核电站。消息传出，迅速引起反对民意的“裂变”式增长，6月29日，首相官邸前的抗议人群已达20万。而之前的6月27日，菅直人的“思考去核路线图之会”也公布了第一次建议报告，建议在考虑能源替代方案的基础上，于2025年实现零核电。野田内阁面对汹涌澎湃的去核舆论大潮，被迫于2012年6月29日当天，在20万抗议群众的包围下做出一个折中性决断：公布有关2030年核电比例的三种选项方案（0%、15%、20%–25%），表示要举办意见听取会，进行讨论型舆论调查和公众意见征集，在确定能源战略时充分听取民意。

2012年7月11日，以小泽一郎为首的国民生活第一党在永田町宪政纪念馆举行结党大会，该党由退出民主党的50余名国会议员组成，政策目标定位为“反增税”和“去核电”。民主党通过联合在野的自民党、公明党，欲使消费税增税法案在国会获得通过的动作，使民众感到了背叛，民情鼎沸、怨声载道，使得野田内阁无论如何也不敢在去核问题上公开违逆民意了。

（二）“倾听”民意与新政策草案的制定

2012年7月14日，首场意见听取会在埼玉县埼玉市举行，共有179名市民参加，能源·环境会议副议长、经产相枝野幸男出席会议。会议选出九名对核电比例持不同选项意见的代表（三个方案各抽选三名），给每人八分钟时间进行意见陈述，然后请发言者相互对彼此的发言发表感想或评论。至8月4日，类似的意见听取会相继在仙台、名古屋、大阪、札幌、富山、广岛、那霸、福岛、福冈、高松等10个地方举行[1]。自第四场即大阪会议开始，发言者增至12名，每人发言七分钟。由于支持核电0%比例的选择者占绝对多数，所以各方案发言者的比例调整为6:3:3（0%比例发言者6人、15%比例发言者3人、20—25%比例发言者3人）[2]。自第六场即富山会议开始，又增加了主张三选项之外的意见者发言，12名发言者的比例调整为6:2:2:2[3]。福岛会场由于情况特殊，获得特殊照顾：共抽取30名发言者，对立场比例也不设限，每人发言五分钟。

继意见听取会之后，2012年8月4日、5日，讨论型舆论调查在东京举行。286名参加者（男192名、女94名）是

1 各会场经过随机抽取的参会人数如下（括号内为报名人数，无括号者为主办方未提供数据）：仙台105名，名古屋86名，大阪108名（585），札幌172名（286），富山120名（250），广岛79名（265），那霸37名（46），福岛161名，福冈139名（242），高松120名（167）。

2 大阪会议在报名阶段的意向选择上，主张0%比例的为211人，主张15%比例的为40人，主张20-25%比例的为67人。札幌会议在报名阶段的意向选择上，主张0%比例的为106人，主张15%比例的为10人，主张20-25%比例的为13人。

3 富山会议在报名阶段意向选择上，主张0%比例的为65人，主张15%比例的为15人，主张20-25%比例的为23人，主张其他选择的为14人。广岛会议在报名阶段意向选择上，主张0%比例的为73人，主张15%比例的为12人，主张20-25%比例的为17人，主张其他选择的为15人。那霸会议在报名阶段意向选择上，主张0%比例的为8人，主张15%比例的为0人，主张20-25%比例的为0人，主张其他选择的为1人，该场的最终发言者为上述9人。福冈会议在报名阶段意向选择上，主张0%比例的为81人，主张15%比例的为9人，主张20-25%比例的为17人，主张其他选择的为20人。高松会议在报名阶段意向选择上，主张0%比例的为28人，主张15%比例的为10人，主张20-25%比例的为10人，主张其他选择的为19人。

从此前 6849 名接受过电话舆论调查的受调者中抽选出来的，每 15 人一组，共分成 20 个小组，相互讨论并与专家交换意见。8 月 15 日，日本政府宣布，从 7 月 2 日至 8 月 12 日，有关 2030 年的核电比例问题，全国共征集到 89124 条意见。政府将在综合分析意见听取会、讨论型舆论调查和公众意见征集的基础上，于 8 月末确定新的能源战略。

据《读卖新闻》报道，2012 年 8 月 17 日，国家战略室的网页上公布了约一万件意见听取会现场调查和公众意见征集的具体内容。虽然未公布不同选项具体的支持率，但从总体上看，主张 2030 年零核电的意见超过大半。而据读卖新闻社的统计，11 处意见听取会上，约七成表态的民众选择了零核电，公众意见征集中选择零核电的比例也大致相同[1]。8 月 22 日，政府进一步公布了讨论型舆论调查的结果，结果显示支持核电 0% 比例的占 46.7%，15% 比例的占 15.4%，20–25% 比例的占 13%。

在政府民意调查活动相继展开的同时，直接向政府发声的反核运动继续在日本各地如火如荼地进行着。2012 年 7 月 6 日和 7 月 13 日的周五抗议活动，按照发起方“首都圈反核电联合”公布的游行人数有 15 万，即使按照警方的保守数字，每次也约有两万人参加。7 月 16 日，17 万人在代代木公园集会抗议。7 月 29 日，约 20 万人包围国会，抗议政府重启大饭核电站，并呼吁野田下台。7 月 31 日，“首都圈反核电联合”

1　见《读卖新闻》2012 年 8 月 16 日、8 月 17 日相关报道。

与民主党议员联盟"思考去核路线图之会"及超党派议员联盟"零核电之会"首次实现圆桌对话。该对话由著名社会学家小熊英二主持，公开采访且进行网上直播。8月3日，野田首相在记者会上表示"一定会倾听反对意见。待调整日期后，一定会与抗议活动代表见面"。据日本媒体报道，首相许诺与反对民众见面"出乎惯例"，而这样做是因为听取了前首相鸠山由纪夫、菅直人以及学者小熊英二等反核运动领袖的建议[1]。

2012年8月22日，野田在首相官邸会见了反核民众代表。实际上，随着8月10日消费税增税法案最终成立，大选将不可避免地提前到来，"尊重民意"已成为此时野田手中所剩无几的政治牌[2]。另外，一系列民调显示的"零核电"支持率之高，也使宣称要听取民意的决策者在去核的方向性上，不再有模棱两可的空间。而在8月中下旬的民主党能源·环境会议上，主持会议的国家战略担当大臣古川元久，也与菅直人一起积极主张"零核电"。因此，当2012年9月4日媒体称民主党将制定一个以"零核电"为目标的新能源政策时，已显得顺理成章、势在必然。

但是，其后半个月所发生的一切，却只能用"急转直下"来形容。9月6日，民主党能源环境调查会首先出台了"能源

1　见《产经新闻》2012年9月16日、《每日新闻》2012年11月19日相关报道。

2　2012年8月8日，野田佳彦与在野党的自民党、公明党党首举行会谈，承诺一旦消费税增税法案在参院获得通过，他将"近期"解散国会举行大选。8月11日、12日，即消费税增税法案在国会获得通过后，共同通讯社做的舆论调查显示，反对该法案的占56.1%，赞成的为42.2%。

环境创新战略”草案，提出“早日实现摆脱核电依赖的社会”，与“扩大绿色能源”、“能源的稳定供给”的三大核心战略。虽然没有写明实现零核电的具体时期，但草案规定“到2030年核电比例低于15%，力争实现零核电”。此外，草案还包括，停止快堆“文殊”的运行，并讨论废除原子能委员会。9月14日，野田政府的能源环境委员会在党内调查会草案的基础上，公布了名为“能源环境创新战略”的报告，该报告被视为未来新能源战略的基干，其主旨与核心内容基本沿袭了此前民主党调查会的草案，同时也有一些重要的改变，如在有关乏燃料再处理项目，报告称“继续推进”，但今后将启动“全面修改核燃料循环再利用政策的讨论”，着手研究直接处理乏燃料的方法。报告出台后，日本媒体广泛认为，该战略将于19日在内阁会议上获得通过，“2030年代零核电”将成为日本行政机关的最高决议[1]。然而，2012年9月19日，日本内阁会议虽形成了一个有关未来能源战略的阁议决定，但该决议却没有明确写入“2030年代零核电”的内容。媒体评论称，这意味着此前能源·环境委员会的创新战略在最后时刻被“抽去了筋骨”[2]。这种出人意料的变化再一次使民意躁动、怨声四起，野田内阁及其民主党乃至日本政治重新陷入混乱。

1　见《日本经济新闻》2012年9月13日的有关报道。

2　9月19日日本内阁会议决议中的具体表述是：立足于革新性能源环境战略，执行能源环境政策。战略本身被定位为“参考文件”。

（三）美国施压与核能政策的"再转变"

那么，从9月14日至9月19日这几天究竟发生了什么，使野田内阁在最终时刻改弦更张？或者更进一步往前推，自9月4日"零核电"新战略见光后，有关核电的政治力量博弈出现了什么新因素？对此，仔细审视从9月19日内阁决议的一些具体表述，某些重要的线索隐约可见。决议对"能源环境创新战略"的具体表述是：创新战略作为参考文件，未来将立足于该战略实行能源环境政策。此外决议还强调，"将与相关地方政府及国际社会进行负责任的讨论，逐步取得国民的理解，在不断进行灵活的验证及调整的同时予以实施"。

从以上颇具日本特色的含蓄话语中可以推测，促使野田内阁最终"转向"的压力源，主要来自两个方面：一是地方政府，二是国际社会。虽然"地方政府"被排在"国际社会"之前，但实际上，地方政府的说服工作早在9月14日之前就完成了[1]。所以，真正的压力源是"国际社会"，更确切地说就是美国。以下是9月4日以后，日美在核能问题上互动的主要事件[2]：

9月5日，日本驻美大使藤崎一郎与美国能源部副部长丹尼尔·庞曼见面，说明日本政府正在酝酿能源环境创新战略，"争取2030年代实现零核电"、"中长期将维持乏燃料再利用"。

1　9月13日前后，经产相枝野幸男被派往青森县、副经产相牧野圣修被派往福井县，就新政策向地方政府进行说明。

2　均来源于《日本经济新闻》、《读卖新闻》、《产经新闻》、《东京新闻》的相关报道。

美方表示“问题太重大，没有得到总统及国务院的意见前无法评论”,“尊重日本的主权，但请注意由于这次会面机密性极高，一定注意不要让外界理解为外部压力”。

9 月 6 日，藤崎一郎又与美国国家安全事务助理弗罗曼见面，弗罗曼表示能源政策是日本主权判断的问题，但继续乏燃料再处理将使钚不断积蓄，关系到国际安全保障的风险，因此美方对日本未来的内阁决议表示关切。

9 月 8 日，在符拉迪沃斯托克峰会上，美国国务卿希拉里在与野田首相会谈时表示，“非常关注”日本核能政策的动向。

9 月 10 日，民主党政调会长前原诚司表示，不仅是核能，希望就包括页岩在内的能源整体问题与美国展开对话。同日，美国能源部副部长丹尼尔 · 庞曼表示，世界第三大经济体日本如果抢购燃料的话，将对国际能源价格带来重大影响。同日，前原和首相助理长岛昭久被派往美国“进行沟通”。

9 月 11 日，美国能源部副部长丹尼尔 · 庞曼与正在华盛顿访问的前原诚司进行了会谈，并传达了美国对日本“零核电”战略的顾虑。庞曼表示“日本的零核电会对美国产生重要而深远的影响，希望日方能将‘负面影响’尽量最小化”。庞曼还希望能给未来留以空间，以使选举后新当选的领导人方便调整政策。

9 月 11 日，英国驻日大使在首相官邸与日本内阁官房长官藤村修进行了会谈，表示很关注日本原子能政策的转变。

9 月 12 日，日本《经济新闻》刊登采访美国国际战略问题研究中心[1]哈姆雷的文章，称如果日本实现零核战略，从核不扩散的观点看将是对国际责任的放弃，希望日本政府重新考虑。

9月13日[2]，前原诚司在美国举行记者招待会。同日，日本首相助理长岛昭久与美国前副国务卿阿米蒂奇会见。阿米蒂奇表示，在"尖阁诸岛"[3]、竹岛问题上，当中国与韩国动向积极的时候，不明白日本为什么要自缚手脚？长岛昭久当时表示，感谢阿米蒂奇先生支持日本的"助言"。还是同日，法国驻日大使到首相官邸拜访官房长官藤村修。仍是同一天，美国国家安全事务助理弗罗曼表示，在日美就有关问题达成协议之前，请日本不要做出内阁决议。

9月14日，日本政府公布能源环境创新战略，日本经济团体联合会、日本商工会议所等经济团体都对该战略表明了反对态度。

9月15日，日本经产相枝野幸男表示，有关建设中的三个核电机组是已经获得批准的，因此不算新增，可以继续建设。同日，自民党总裁选举的五位候选人在电视采访中纷纷表示反对民主党的能源环境创新战略。当天的《产经新闻》发表文章称，如果实行零核电，日本的电价将上涨一倍。

9月16日，《读卖新闻》发表社论批评政府，称政府在拿不出维持电力稳定供应具体措施的情况下宣布全面弃核，是极

1　即 The Center for Strategic and International Studies, 缩写为 CSIS。
2　日本时间9月12日下午。
3　即中国钓鱼岛。

其不负责任的。社论措辞严厉，批评“这样一个草率的、不成熟的方案，完全不配作为国家的能源政策”。

9月18日，文部科学相平野博文在福井县与西川知事会见，表示在该县的快堆“文殊”将继续工作。同一天，日本经济团体联合会、日本商工会议所、经济同友会三大主要经济团体召开联合记者会，要求政府撤回相关决定，认为零核战略将加速国内产业空洞化，造成就业形势恶化。经团联会长米仓弘昌还表示将缺席政府的国家战略会议以示抗议。

9月19日，日本内阁会议决议决定：放弃零核计划，宣布“基本能源计划”将在“能源和环境创新战略”基础上不断验证和修订，保证计划实施的灵活性。

正是在美国及其英法盟国紧锣密鼓施压以及日本国内产业界强烈反弹的形势下，“2030年零核电”的能源战略胎死腹中。至此，对本章开篇引用的《东京新闻》的感慨——“虽然去核能的声浪在这一年持续蔓延高涨，但时至岁末，选出的却是一个去‘去核能’的政权”，以及产生这种幻灭感的深层次原因，都应该已经不难理解了。实际上，无需等到2012年的岁末大选，日本“去‘去核能’”的大政方针，在当年9月下旬就已昭然若揭。9月21日，即能源环境创新战略被“抽筋去骨”之后仅仅两天，不但野田佳彦毫无悬念地再次当选为民主党党首，十天前风尘仆仆从美国“探信”归来的前原诚司也顶替了主导“去核”的古川元久，成为野田第三次改造内阁的国家战略担当相。这种核能议题上的转向，当然使民主党付出了最惨重的代价：在其后众院选举中已完全无法获得民意的信任和支持，三年前夺来的政权，再次拱手送还给了自民党。但是，更大的输家则是日本的民意，因为即使面临"311"这样的灭顶之灾，日本仍然无法独立自主地选择自己的核能政策。2012年12月29日，新任首相安倍晋三上任仅三天，即明确表示将要新建核电站，这种政策取向，当然是向来亲核电的自民党的必然选择，但更是日本至今无论哪个政党都无法摆脱的宿命。

（四）代议民主的扭曲与未来日本之"核"

"311"给日本造成的灾难可以说是万劫不复，生物界最有核辐射程度指标意义的蝴蝶，在福岛地区已发生了基因变异，越来越多的事实和科学研究表明，后续的灾难性后果仍然有增无减并在持续发酵[1]，这是一场不折不扣日本"二战后的最大危机、日本有史以来的最大危机"[2]。但即使如此，席卷日本列岛空前激烈的反核民意在被百般愚弄、戏弄和耍弄之后，日本的核能政策依然滑向了美欧"盟国"给出的路线图，表明了其国内政治和对外政策不可救药的深刻危机。

福岛核灾以来的日本政治证明，国会与民意之间的"扭曲"已难以平复。2012年日本核能政策的"再转变"，还有一个重要但并不太为人关注的倾向："核能宪法"的被修改与和

1　参见金赢《福岛才是亚太最需关注之岛》，《环球时报》2012年8月28日。

2　引自2011年3月29日时任日本首相菅直人在日本国会参议院预算委员会会议上的发言。

平利用核能政策的被架空。在日本，制定于1955年的《原子能基本法》被称为核能宪法，其引以为荣的两点精髓一是“自主、民主、公开”的核能三原则，二是“核能开发限于和平目的”的和平利用原则。如果说，从上述大饭重启、新能源政策制定以及美国施压等过程中，我们已看到了核能三原则名存实亡，那么，进一步令人悲哀的现实是，《原子能基本法》的另一支柱“和平利用”在2012年也遭到了根本性的修改。更值得深思的是，这一重大动向竟然没有引起足够关注。本书第一章已涉及这个问题，在此仍有必要进一步从中透视日本政治的极度扭曲。

2012年6月20日，日本国会通过了在《原子能基本法》和《原子能委员会设置法》中新增“核能应为保障国家安全做贡献”条款的修订案。这意味着，从此日本把核能开发与国防、军备等“国家安全”因素直接挂钩就“于法有据”了。核能宪法之所以能够完成这种重大的实质性修改，有几点值得高度关注：

第一，借机修改，偷梁换柱。福岛核灾发生后，制定以合并核电管理和监督部门为主要内容的《原子能委员会设置法》势在必行。为了制定新法，就要对其上位法律即《原子能基本法》也作相应修改，这为日本政坛长期蓄谋在核武问题上有所突破的“有心者”提供了难得机会。分析日本媒体的有关报道，可以发现，“核能应为保障国家安全做贡献”条款，最初并未出现在日本政府提出的法案中。是自民党和公明党悄悄提出了修订案，在审议过程中，共产党和社会党表示反对，但是执政的民主党却顺水推舟表示赞同。当时野田内阁正需要在消费税增税法案上获得自民、公明两党的支持，所以这是双方各取所需的一场交易。

第二，掩人耳目，蒙蔽过关。正因为是一场经不起“众议”的交易，所以整个修改过程非常秘密而迅速。6月15日该法案修正案提交众院，当天即获得通过。而在此前一天，国会网页上没有此法修改的任何动向。五天后，该法案在参议院获得通过。其速度之快之顺，令人完全感受不到日本国会所谓的“扭曲”。6月20日，内阁官房长官藤村修在记者会上，作出一个此地无银三百两的表态，轻描淡写地为这一重大修改画上了句号：“政府丝毫没有将核能应用于军事目的的想法。”

第三，媒体视而不见，公众无从知情。对于这一重大问题，没有一家日本媒体之前有过预警性报道。这其中固然有自民党“瞒天过海”的手法作祟，但也从另一个角度表明当今日本媒体政治报道的被动。更值得深思的是，即使在修正案成立后的6月21日，也只有《东京新闻》和《朝日新闻》两家报纸予以报道，其他主要媒体则集体失声。谋求修改法案为军事利用核能开道，在日本政界、媒体界向来有支持的势力，所以，不难理解这是“官报共同体”的高度默契，媒体故意视而不见、知而不报。

从这个暗箱操作的修法过程可以看出，在重大国内问题上，日本的主要政党实际上已基本合流、并无二致。人们常说日本的国会是“扭曲”国会，但实际在野田内阁任内，在消费税增税、缓和武器禁运措施、修改《原子能基本法》、修改《宇宙开发法》、检讨修改行使集体自卫权的宪法解释等重要问题上，日本国会已形成一个事实上的主要政党“大连立”。面对自民党、民主党、公明党的大联合，社民党、共产党等较小在野党的作用微乎其微。可以说，国会政治势力的“扭曲”是假，“合劲”是真。而真正的“扭曲”存在于国会与民意之间，即名为民意代表的国会议员们，他们的决议与真正的民意南辕北辙、背道而驰。2012 年反核民意下核能政策的“再转变”及岁末大选超低的投票率，都说明日本民众对换汤不换药的政党轮替失望至极。

民意可以无视，媒体集体失声，小党无所作为，日本的核能政策在福岛核灾之后不仅毫无改革，而且还在核能宪法中公然增加“核能应为保障国家安全做贡献”的修正条款，把核能开发与“国家安全”因素直接挂钩，用法律为日本发展核武能力背书，日本政官财联手打造的“原子能村”注定要主导着日本核能走向更加危险的未来。

三 · 安倍政权的核政策

福岛核灾后的头三年里，日本经历了停核电——零核电——启核电——再零核电的反复折腾[1]，民间反核声浪日趋强

1　2012 年 7 月大饭核电站 3 号、4 号机组重启后，按照规定，核电站在商业性运转 13 个月之内要接受定期检查，2013 年 9 月重启运转的大饭核电站 3 号、4 号机组相继停止发电，由此日本再次进入零核电状态。

烈，游行示威从未间断。然而，从坚决"弃核"的菅直人，到"核暧昧"的野田佳彦，再到高擎"重启核电"大旗的安倍晋三，日本执政党对核电态度由摇摆不定的"再转变"又发生了全面回头的"大逆转"[1]。民主党政权虽然被选民抛弃了，但安倍毕竟不敢轻视对"核"问题背后的民意。在2013年7月参议院选举之前，安倍政权采取了一种模糊暧昧的表态方式，一方面表示不继承民主党的去核政策，另一方面又表示将充分尊重日本原子能规制委员会的审查意见。但是，在2013年7月赢得参议院选举以及9月成功申办2020东京奥运之后，核政策开始全面复辟，"启核"的步子越来越大。自二次执政以来，安倍政权在核政策方面有三大重点：一是争取早日重启或重建核电，二是继续推进核燃料循环政策，三是继续扩大核电出口。

（一）加快核电重启

福岛核灾使日本核电产业受到了前所未有的冲击。虽然野田佳彦不顾民意反对，曾一度强行重启大饭核电机组，但不久，大饭核电站因例行检修又进入停机状态。所以，自2013年9月以来日本所有的48座核电站[2]，总计440亿瓦特[3]的核电装机，全部停止了工作，至2015年3月末仍未恢复。对于安倍政权来说，

1　孙学智：《日本为什么不能没有核电》，《中国环境报》2014年7月24日。

2　福岛核事故后，日本政府和东京电力公司决定福岛第一核电站6个机组全部报废，由此日本54座核电机组就剩下了48座。

3　即44GW。1GW=1000兆瓦=100万千瓦=10亿瓦特。

要想让日本核电产业重新启动复活，需要做两件事。一是从宏观上制定新的核电安全基准，确定核电在日本能源结构中的定位及在未来供电构成中的比例；二是按照日本核监管机构新的核电管制标准实施测试和检查，使达标的核电站早日重启。

首先看宏观层面。福岛核事故的发生，让日本核能安全检查监督机制中“既当运动员又当裁判员”的弊病暴露无遗。2013 年 7 月 8 日，“311”后新成立的独立监管机构——日本原子能规制委员会正式颁布实施了新的核电管制基准。与以往相比，新基准严格了抗震标准，明确了核电企业的责任和义务，在强化安全对策的同时，将核电站的运转年限设定为 40 年。

2014 年 3 月 10 日，安倍晋三在日本国会再次强调“不能依赖核电，不能没有核电”，正式为能源新政的出台吹响了号角。2014 年 4 月 11 日，日本内阁会议通过《能源基本计划》。在该计划中，核电被赋予了“国家重要基础电力来源”的地位[1]，而此前制订的新核电管制基准被认为是“世界上最严格的管制标准”。对于重启核电，称如果原子能规制委员会认为符合管制标准，“将尊重其决定予以推进”。这意味着如果核电站通过了规制委员会的审定，符合重启标准即可重启。

那么，日本新的核电管制标准是否真得可以为未来日本核电安全保驾护航？所谓“世界上最严格的管制标准”是否名

1　据《朝日新闻》2014 年 11 月 12 日报道，在该能源基本计划制定过程中，日本政府也走形式地征求国民意见，在被征集的意见中主张脱核电者高达九成。

副其实？如何保障不是一个新的安全神话？日本内阁会议《能源基本计划》发表一周后，前首相菅直人在给安倍的一份质询书中公开提出了这些疑问。菅主要提出了三个问题：第一，"世界上最严格的管制标准"的依据是什么？第二，新管制标准中是否有航空器冲撞等事态的应对之策？因为在欧洲等地的管制标准中有类似的要求。第三，新管制标准对于堆芯熔化如何规定？十天之后，菅收到了一份既言之凿凿又语焉不详的回答书。对于这份回答书，菅直人的评论是，回答书仅仅表达了对可以成为"世界最严格管制标准"的主观愿望，丝毫没有解释说明何以能够成为"世界最严格管制标准"的客观依据。有关航空器冲撞及堆芯熔化的对策，回答书则未做出正面回答。[1]

而在日本核电专家看来，新管制标准最根本的问题在于，它是坚持既有的核电技术体系，以不触及最关键的反应堆技术为前提，只在一些外围次要环节上小修小补，仍有很多根本性漏洞。例如与欧洲的压水堆相比，日本同类反应堆的新管制标准有四处重大的不足：（一）在重要安全设备的多重性上，欧洲规定要有独立的四套系统，而日本新管制标准只要求两套。（二）欧洲规定压水堆要有核心储留设备，以防熔化后的堆芯流到反应堆压力容器外，而日本新管制标准对此没有要求。

1　回答书的原文表述是："在参考国际原子能机构以及其它国家的管制标准，考虑我国自然条件的严峻情况，强化地震、海啸应对措施，以及制定针对严重事故的对策方案的基础上，制定了这一希望可成为世界最高水平的标准。"参见菅直人 2014 年 4 月 25 日博客。

（三）欧洲标准要求配备安全壳除热设备，这种设备的主要作用是能够长期冷却熔化的堆芯，具备对核心储留设备的水循环冷却功能以及对反应堆的“水棺”覆盖功能，而日本的新管制标准对此也没有相应的要求。（四）欧洲标准要求有坚固的反应堆安全壳，这种反应堆安全壳为双层结构，按照提高了的冲撞压力进行设计，可以抗击大型商业飞机的冲撞，而日本的新管制标准则无此要求。

日本之所以出台这种缺斤短两的、被专家称为“只碰到了树枝，完全没碰到树根”的新管制标准，说到底还是为了帮电力公司省钱。例如，仅安装可以储留熔化了的堆芯的核心储留设备，所需经费就与新建核电机组的成本差不多。由此可见，虽然安倍将“世界最高水平安全标准”挂在嘴头，但实际上日本的新标准连欧洲既有的管制标准都远远不及，也怪不得专家评论安倍称：“要么是无知，要么是故意撒谎。”[1]

再来看核电重启方面。2013 年 7 月，在新管制标准实施后，九州电力立即申请重启川内核电站。由于认为川内核电站应对地震、海啸和重大事故的措施最为完善，所以规制委员会对其优先展开审查。2014 年 7 月，委员会公布审查草案，认为川内核电站 1、2 号两个机组都符合新的管制标准[2]。对此安倍立刻予以积极回应，称日本核能重启迈出了一大步，他希望

1 对核能市民委员会主席、法政大学教授船桥晴俊的采访，见《赤旗》2014 年 7 月 21 日。

2 蓝建中：《日本正式批准重启川内核电站》，新华网 2014 年 9 月 11 日。

有关地方能接受这样的判断，加速核能重启进程。地方的反应也很迅速，2014 年 11 月，川内核电站所在的萨摩川内市议会、市长，鹿儿岛县议会、知事先后批准重启。2015 年 2 月 5 日，九州电力公司向原子能规制委员会提交了重启工程具体进度表。至此，川内核电站重启的相关手续基本完成，率先进入了重启倒计时。

但在政府及电力公司加紧运作，川内核电站有望成为安培重新执政后日本首座重启核电站的同时，日本的一些地质学专家与核电站所在地方的民众也在进行着反对和抗议活动，主要是担忧川内核电站的地质安全性[1]，因为这座核电站处于周边火山和地震带的双重危险中。在川内核电站周边 160 公里范围，至少有五个破火山口，这些破火山口每隔一万年至数万年便会喷发一次，特别是会在相同的地点反复发作。目前在距离川内核电站两公里的地方留有火山岩浆的堆积物，那就是大约三万年前始良破火山口一次巨大喷发的遗留，所以这里本就不应作为核电站站址。也因此，在日本所有核电站中，川内核电站是火山喷发风险度最高的核电站，如果火山岩浆流至核电站，后果将不堪设想。但就是对这样一个高风险核电站的重启审查，日本原子能规制委员会的审查团队中却基本上没有安排火山学

1　2014 年 5 月，有 23 位九州电力川内核电站周边的居民向当地法院申请停止重启。随后九州电力做出反击，也向法院提出申请，称如果推迟川内核电重启，将给公司造成每天 5.5 亿日元的损失，要求居民先向法院交纳相应数额的保证金。在这种高压下，截至 2015 年 1 月，提起诉讼的居民已有 10 人退出。参见 http://www.daily.co.jp/society/science/2015/01/17/0007665932.shtml.

者参加。九州电力公司虽然并不完全否认存在火山风险，却又表示此类风险发生概率低，而且公司正在利用卫星定位系统对周边火山进行监测。但据日本火山专家称，在世界范围内目前还没有对这种类型火山可能出现大规模喷发进行预测的先例。此外，规制委员会对该核电站的地震风险审查也相当不严谨。地震分为内陆地壳内部地震、板块间地震、海洋板块内部地震，委员会仅审查了内陆地壳内部地震的风险，但日本专家认为，川内周边完全存在着另两种地震的风险[1]。

处于火山、地震双重风险中的川内核电站之所以能够冲破重围，成为重启的第一号选手，自有其背后深层的背景和道行。据朝日新闻社调查发现，日本九大电力公司连续每年向日本现副首相、财务大臣、金融大臣麻生太郎的政治资金管理团体购买政治派对入场券。在电力公司眼中，麻生太郎与本书第四章“政治献金”部分提到的甘利明一样，都是日本政界中对能源政策最具影响力的政治家，是政治公关的重点对象。因此，自 2000 年以来，各电力公司就开始对麻生名下的政治团体进行政治献金，这种政治资金募款会通常被冠以“政治经济讲座”之名，每年举办三次，九家电力公司都会如期上贡数百万日元。

此外，麻生太郎本人与九州电力公司还有着不同寻常的

1 见《东京新闻》对日本神户大学名誉教授石桥克彦的采访，《东京新闻》2014 年 10 月 6 日。

关系。九州是麻生的老家，其父麻生太贺吉正是九州电力公司的首任会长。在日本全国的电力业界，九州电力虽然排在东京电力、关西电力、中部电力之后，位居第四，但在九州当地可是一个具有超大影响力的企业。东京商工调查社的企业调查表明，至2012年，在本部及主要业务设在九州和冲绳的所有企业排名中，九州电力已经连续36年位居榜首。九州电力的员工达1.3万人，营业额为15000亿日元，下属86家设备投资等集团公司，其一级供货商共有1211家，二级供货商共有4977家。这样的九州电力，对当地政治经济的影响力可想而知。此外，鹿儿岛县议会中的两名议员及家人经营的企业在"311"后的三年间，也从川内核电及九州电力那里获得了26项工程，工程款近三亿日元[1]。正是凭借着这种上下贯通、一呼百应的优势，九州电力才在重启核电方面得以脱颖而出。

在九州地方对川内核电站重启表态同意后，日本共同社就此问题进行了一次舆论调查，结果显示，日本全国在核电站方圆30公里范围内的160个地方政府中，八成左右的120多个地方政府认为仅需川内核电站所在地鹿儿岛县与萨摩川内市批准就可重启的"川内方式"并不妥当[2]。但这种民意已经于事无补。在九州初现重启曙光之后，2015年1月，日本政府

1　见《同意川内重启的两名鹿儿岛县议会议员及其关系企业接受九州电力工程项目》，《朝日新闻》2015年1月13日。

2　见《日本仅两成地方政府认可核电站重启当地批准手续》，中国新闻网2015年1月5日。

初步确定拟将 2030 年的电源构成比例中的核电比例目标定为 15% 到 20%[1]。仅仅半个月后，日本原子能规制委员会认定，关西电力公司位于福井县的高滨核电站 3、4 号机组的安全措施也符合新管制标准，正式下发了通过放行的“审查书”[2]。

（二）继续核燃料循环

如本书第四章“核燃料循环神话”部分所述，在 20 世纪七八十年代核电大跃进之后，日本各核电站使用后的乏燃料处理问题日益突出。出于多重考虑，时任首相中曾根康弘在 1985 年确定在日本青森县六所村建设核燃料循环基地，当时由具有民间电力公司背景的“日本原燃”承建。但是随后六所村的工程建设问题频出，在“311”之前，最为核心的工程——乏燃料再处理设施已 18 次延期，施工费用也翻倍增加。2014 年 4 月，随着日本《能源基本计划》明确提出继续推进核燃料循环，这一棘手问题再次被提上桌面，“国策”与“民营”又开始新一轮的磨合。

此次，两方博弈的焦点首先是“日本原燃”的身份和组织形态问题。如前所述，“日本原燃”是由民营“九电力”共同出资成立的。目前日本政府想对其身份进行变更，使之从公

1 见共同网：《日本政府拟将 2030 年核电比例定位 15% 到 20%》，2015 年 1 月 23 日。
2 见《日本高滨核电站通过新标准审查有望于今夏重启》，中国新闻网 2015 年 2 月 13 日。

司身份转变为认可法人身份[1]。这样，国家就可对其人事权、事业计划拥有决定权，而不再完全由股东说了算。经产省希望能够通过这种改革，从制度上保障核燃料循环事业持续发展。

但是"民营"方面对这种改革却不同意。2014 年 9 月，日本"电气连"会长、关西电力社长八木诚公开表示希望保持"日本原燃"的民营身份。[2] 但是由于核燃料循环难度大、花费高，仅靠民营公司的力量也难以维系，因此"电气连"希望国家能够分担再处理事业的经费，以此确保收回成本。截至 2013 年度，各电力公司为核燃料再处理事业筹集了约 5 万亿日元的的储备金，而据日本电力业界估算，至竣工阶段这项工程的总费用将达到 11 万亿日元。而未来如果日本实现电费自由化改革，民营公司的负担将会更大，因此电力业界希望得到国家的财政支援，以解决后续经费。截至 2015 年 3 月，双方尚未对此达成共识。

在六所村之外，日本的核燃料循环政策还有一个棘手的问题，就是快堆"文殊"关还是不关。"文殊"具有强烈的军事色彩，自 1985 年开始建设，1994 年 4 月 5 日实现初次临界后，事故和丑闻就一直不断。近 20 年来，虽然实际运转时间仅有三个月，但投入"文殊"的经费已经超过了一万亿日元。即使在停运期间，为了维持重启的最低条件，每天也要花费 5500

1 认可法人在日本是由民间委员会设立的团体，但因为公共性强，所以国家行政有较大的决定权。

2 见中村埝:《电力业界要求实行核电企业优惠政策》,《东洋经济》2014 年 10 月 2 日。

万日元，所以这些年来停止“文殊”的呼声从未中断。

2014年4月，安倍政权在《能源基本计划》中再次确认“文殊”的主要作用：燃烧核废料。即一方面保留其作为快堆的研究空间，同时突出其“专以核废料为燃料的反应堆”身份。安倍政权之所以这样定位“文殊”，是因为目前日本已有1.7万吨核乏料储藏在全国各地反应堆的冷却池中，带有巨大的安全隐患。据日本核专家称，虽然法国和日本已能共享关于快堆以核废料作为燃料的基础数据，但是这一领域的进展仅处于“试管阶段”[1]，距离实际应用还路途漫漫。

2014年5月5日，安倍晋三与法国总统奥朗德在首脑会谈中同意，将在快堆研发上展开合作。如此一来，“文殊”就可以在国际合作的名义下继续得到国家经费，维持生存。2014年8月末，文部科学省宣布2015年度的“文殊”相关预算总计361亿日元，较2014年度增长10%。与此同时，经产省也在预算中列出近50亿日元用于“文殊”的委托研究[2]。2015年1月，“文殊”的主管单位——日本原子能研究开发机构的理事长拜访了“文殊”所在地福井县的县知事，表示将尽全力争取在2015年3月之前完成整改，重新启动“文殊”[3]。

1 《安倍政权固执于使“文殊”延长寿命》，《东京新闻》2014年4月7日，http://www.tokyo-np.co.jp/article/politics/news/CK2014040702000139.html.

2 见 http://www.fukuishimbun.co.jp/localnews/nuclearpower/53674.html.

3 见 http://www.fukuishimbun.co.jp/localnews/nuclearpower/61338.html.

（三）推动核电出口

日本官方首次明确核电设备出口，是在1982年版的《原子能长期计划》中。此后，日本每年都邀请世界各国尤其是亚洲国家相关领域的官员赴日参加原子能论坛，为向亚洲国家出口核电设备做准备。但在此后的30年间，日本并没有实现成套核电设备的出口。其原因主要有两点：第一，核电出口因为涉及到防止核扩散问题，是一种非常特殊的国际贸易，需要当事国签订原子能协定。日本因为有与美国的原子能协定在先，所以在向第三国转移技术时，必须首先获得美国的同意。第二，因为日本的原子能技术是从美国引进的，所以出口时还牵涉到专利许可问题。如果日本想以主要的核能设备出口者的身份进行核电出口，就必须保证是日本自主设计的反应堆。但日本在核电反应堆上的自主研发投入不足，并没有实现真正的自主设计，所以在核电出口上并没有真正的突破。

自20世纪90年代后半期以来，日本国内核电市场日益萎缩，新建核电站大幅减少，按照2005年日本《原子能政策大纲》作出的预计，即使日本核电占总发电量的比例保持甚至超出30%的水平，到2030年日本国内核电也基本是一年一个反应堆的建设速度。在此背景下，2006年日本经产省虽喊出“原子能立国”，但又指出在2030年前后国内核电建设的低潮时期，需要依靠出口来维持技术和人才。

对于日本核电出口起到进一步推动作用的，是安倍第一次执政的2007年，日美两国达成了核能共同行动计划，决定在开发快速反应堆技术以扩大美国的核电站建设、对核废弃物进行处理以保证核电站安全等六大领域开展战略性合作。此次日美开展核能合作，其形势已与上世纪 50 年代大不相同。自 1979 年美国三里岛核事故发生后，美国国内就一直没有新建核电站，核电出口也逐渐减少。20 世纪 90 年代，美国厂商基本缩小或关闭了发电用反应堆的制造部门。但是在国际层面，一方面俄罗斯、法国、韩国、中国等国家在核电发展和出口方面继续保持前进势头，另一方面上世纪美国通过原子能协定出口的核电反应堆也陆续到了报废期限，此时美国如果想保持其在世界核能领域的影响力，就有必要同日本展开合作。首先，美国想通过与日本的合作，在国内建设新的核电站，因为美国如果国内连一家新建核电站都没有的话，那么其保有的核技术将全部集中于军事领域，这样美国在核不扩散问题上说服他国停止核开发将不具有说服力。其次，美日两国在合作向第三方出口核电上有共同利益，因为此时日本国内也基本不再有成规模的核电市场，保持技术与人才的优势只能通过出口来实现。这也是野田政权一度想制定 2030 年代实现零核电的新能源战略，遭到来自美国以及本国核能产业界巨大压力的重要原因。

因此，在 2007 年前后，东芝公司收购了西屋的核电事业部，日立与通用电气成立了核电方面的合资公司，三菱重工与法国的阿海珐成立了研发快堆的合资公司。日本似乎就此迈入了面向世界的核能产业新时代。2012 年年底安倍晋三再次执政后，加快了核电出口进程。如在 2013 年 1 月对越南进行的国事访问中，安倍本人亲自充当日本核电出口的宣传员。但是由于此时日本国内反核舆论依然波涛汹涌，国内未来的能源政策也未确定，这一时期日本的核电出口受到很大牵制。到了2014年4月日本新的《能源基本计划》出台，2015年又初步敲定未来核电在电力总量中20%左右的比例，日本加快推动核电出口的条件基本具备。

在核电出口的手续方面，日本的做法是，先在两国间缔结核能合作协定并获得国会通过，然后进行事前调查、国际融资和贸易保险等相关准备工作，在此过程中可以申请官方开发援助（即ODA）。2011年，日本国会通过了与约旦、俄罗斯、越南和韩国等四国签订的核能协定草案，这意味着"311"后日本的核电出口正式得到国会许可。而事前调查的经费来自国家财政，整个过程也不透明。据日本媒体报道，在日本向越南的核电出口项目事前调查中，就挪用了"311"灾区复兴预算中的5亿日元。截至目前，向越南、土耳其的核电出口事前调查都由日本原子能发电公司承担。

2013年5月，日本与土耳其政府签订了原子能协定，2014年4月在国会获得通过。按照协议，2023年实现1号反应堆的运转，事业主体是土耳其国际电力公司，其中日本企业的出资率占到一半左右。参与这次出口的还有法国，但是日法两国此次出口给土耳其的新型反应堆，至今还没有在任何一家电力公司实际运营过。在事故责任上，主体责任由土耳其国际电力公司承担，如果这家国际电力公司破产，就由土耳其政府承担责任，出资的日本企业承担有限责任。

2014 年 11 月 19 日，日本国会凭借执政党及民主党等多数赞成票，正式批准加入《核损害补充赔偿公约》(CSC)。据日本媒体报道，公约规定，核事故发生国原则上必须做出一定金额的赔偿[1]，超出部分将由缔约国核能企业建立的基金以补充赔偿的形式，为事故发生国提供支持。

公约还规定无论有无过失，事故的法律责任都由核能企业承担，而核能设备制造商将被免责。这是日本加入该公约的直接动力，因为“免责”将为核电设备出口提供坚强后盾。此外，当反应堆报废工作等环节发生事故时，责任也将由核能企业负责，因此有望促使掌握先进技术的美国企业进入日本市场。截至 2014 年年底，已有美国、阿根廷、摩洛哥、罗马尼亚、阿联酋等国签署该公约。这显然是日美开始新一轮核电出口合作的前奏。

“311”后不久，日本著名战略家寺岛实郎曾经这样阐述过自己对未来日本核政策的展望[2]：

我也能理解应该从安全神话中醒来，直面福岛的现实，面向不依赖核电的社会的考虑。但同时我认为也应该清楚地看到日本所处的国际位置。即使日本下决心“脱核电”，日本

1 约 470 亿日元，按当时汇率约合人民币 24.5 亿元。
2 寺岛实郎：《脑力课堂 147》，《世界》2014 年 7 月号。

的周边却是这样的情况：中国将在2030年前建设80座8000万千瓦的核电，加上韩国、俄罗斯的，至少会有100座以上的核电站包围着日本。而且，我们在议论福岛时盯着的是50年前的第一代核电，而现在的核电发展已经进入安全性能从根本上发生改变，甚至是钍核电、小型核电的开发阶段。

即使是逐渐地把日本国内的核电站废炉，人才及技术基础也不可或缺。战后至今，日本共培养了3.8万人的核工业学科的毕业生，而且为了建设运营54座核电站，已经消耗了超过100兆日元的官民财产。

今后日本应该采取的核能政策，简要地说是，为了无核而要维持积蓄核能技术基础。也就是说，即使为了以国际原子能机构为舞台主导的"无核世界"，日本自身也应该在和平利用核能方面维持、积蓄技术基础。如果失去了技术和人才，在国际社会中将失去贡献和发言权。应该以"如果没有日本的合作，美国的核电产业就无法进展"这一现实为交涉条件，真挚地面对美国，通过日美合作，共同在世界范围内领导废核以及提升和平利用核能方面安全性的工作。为此，以往的民间电力公司运营和官方规制机构监督的现行的原子能推进体制就应该重新修改，国家应该承担进一步的责任。

寺岛实郎的这段话在日本的精英阶层中非常具有代表性，其逻辑概括起来就是"正因为要推动无核，所以日本必须有核"。虽然经历了"311"这样深重的天灾人祸，遭遇了难以承受并且还在与日俱增的损失，但并没有改变日本精英“核追求”的决心意志和内心深处的逻辑结构。正如1955年日本开启和平利用核能时代时自我说服的“正因为遭到过原子弹轰炸，所以才更要发展核能”的逻辑一样，未来日本不会在发展核能的道路上退缩。但另一方面，日本总算也还有这样的声音[1]：

相关的政府部会、电力公司等把核电当作维持自我存在的目标，组织不断臃肿膨胀，而且政界、媒体和舆论对此都总是给予默许。原日本陆军大校种村佐孝曾经出版过《大本营秘密日记》一书，其中提到1940年陷入中国战争泥沼的陆军一度曾要做出从中国撤兵的决定，但是一旦德国入侵波兰，就立即改变了政策。仿佛是不能错过搭便车的机会一样，于是转换了思想，最后非但没有从中国大陆撤兵，反倒进一步把战场全面扩大，发展成了南进论[2]。

新世纪世界新一轮核电建设潮对日本来说就是这样的“绝望中的希望”。福岛的民众共同体生活已经被连根破坏，东京的决策者还口口声声地要从日本的经济、科技大局出发探讨

1 《每日新闻》2013年5月17日。

2 即二战中日本的“南下战略”。当时日本军国主义决策者中存在“北上”和“南下”之争，最后“南下派”占了上风。1941年7月2日，就在苏德战争爆发后不到半个月，日本御前会议决定，不管世界形势如何变化，日本帝国将采取南进战略，以占领中国、朝鲜、印度支那、印度、马来亚、缅甸、印度尼西亚、菲律宾、泰国、澳大利亚、新西兰、西南太平洋所有岛屿及苏联的远东部分，最后建立“大东亚共荣圈”。

核电发展的前景，而没有考虑民众如何度过他们每天的现实生活。

福岛灾民的日常生活已苦不堪言，与核辐射相关罹患癌症的少年儿童不断增多，但政客、企业、媒体对此都漠然回避，似乎是要让这些问题“自生自灭”。但是，现有的问题仍在发展，新的矛盾又层出不穷。2015年2月，媒体曝出，7千美军官兵集体状告东电公司。“311”时，美国航空母舰“里根号”奔赴日本帮助救灾。完成任务之后，“里根号”上许多官兵开始生病。四年来，医生和患者观察种种症状后越来越倾向于认为，这可能是福岛核泄漏导致参与救援官兵暴露在辐射环境下造成的。从2014年起，美国军人开始在法庭上寻求公义。他们联系了超过500名去日本执行完任务后患病的官兵，其中大约250人给出的回复足以成为法庭上的证据。这些官兵经历了各种病痛：癌症、内脏出血、肢体脓肿、肝脾肿大、甲状腺切除、胆囊切除等。根据美国最高法院上世纪50年代裁定的“费尔判例”，军人不能因服役期间的死伤起诉军方，所以美国军人无法起诉美国军方。在加利福尼亚州两名律师的帮助下，一名叫做莫拉莱斯的美国水兵准备进行一场集体诉讼，诉讼案的原告是福岛核电站事故发生时正在事发地点附近或者之后去过事发地点附近的美军官兵，被告则是福岛核电站的拥有者——东京电力公司。此后，越来越多的美军官兵把自己的名字加到了集体诉讼案原告中。根据媒体报道，2015年年初，美国法庭通过电子邮件通知控辩双方，这起开始于 2014 年 10 月的集体诉讼案需要继续审理，新一轮的抗辩在 2015 年 2 月 26 日举行。[1]

耐人寻味的是，美国政府对这起国际诉讼态度暧昧，日本媒体对此同样讳莫如深。政府与企业合谋的“安全神话”不仅在日本国内依然暴走，在国际舞台上也以“战略合作”之名继续大行其道，核电站要重启，出口要扩大，核武研发更要继续。真可谓，不撞南墙不回头，撞了南墙照样不回头。但福岛核灾的地火仍在燃烧，核污水还在横流，政治与民意之间的“扭曲”、纠结与斗争将长期化，是死死抓住“核战略”不放，还是要安全地生活生存下去，日本将长期面临日益艰难而尴尬的抉择。

1954 年，后来被誉为日本“原子能之父”的正力松太郎利用其把持的《读卖新闻》，从元旦这一天刊登大型连载宣传核能的“和平利用”，连篇累牍地把核能渲染成“太阳的光辉”，那段时间的日本人每天都从他们的第一大报上看到“终于抓住了太阳”这个醒目的专栏。1971 年 3 月，东电从美国引进的轻水反应堆在福岛第一核电落成运行，当年日本的一部纪录片在描述这座预示着新希望的核电站时，画面也是用了一轮从海上冉冉升起的太阳。直到今天，在日本“核密室”与“原子能

1 《美士兵参与福岛救灾后患怪病，7 千人起诉东电公司》，见《现代快报》2015 年 2 月 15 日，转引自同日凤凰网资讯国际频道。

村”的那些精英们眼中，核与太阳、希望、日本，仍然紧紧连在一起。但在福岛核灾的大地上，在越来越多灾难受害者每天的人生中，尽管太阳依旧每天升起，生活却已面目全非、支离破碎，而且这样的痛苦，还将伴随着不断泄漏的核物质及其非常漫长的衰变，一代一代地延续下去。

参考文献

一、日文文献

著作

[日]船桥洋一:《堆芯熔毁倒计时》，文艺春秋2012年。
[日]槌田敦:《准备核武装的日本》，反对核开发会编:《隐蔽核武装的日本》，影书房2013年。
[日]大鹿靖明:《堆芯熔化：福岛第一核电站事故纪录》，讲谈社2012年。
[日]吉冈齐:《原子能的社会史：日本的过程》，朝日选书1999年。
[日]铃木建:《电力产业的新挑战》，日本工业新闻社1983年。
[日]铃木真奈美:《核大国化的日本：和平利用与核武装论》，平凡社新书2006。
[日]牧野洋:《官与报的复合体》，讲坛社2012年。
[日]NHK特别报道组:《追求核的日本》，光文社2012年。
[日]日本自由报道协会编，《自由报道协会追踪报道的311》，扶桑社2011年版。
[日]若杉冽:《核电茫茫》，讲谈社2013年。
[日]山冈淳一郎:《原子能与权力》，筑摩新书2011。
[日]上杉隆:《报道灾害·核电篇》，冬舍新书2011年。
[日]藤田祐幸:《战后日本核政策史》，反对核开发会编:《隐蔽核武装的日本》，影书房2013年。
[日]武藤一羊:《潜在的核保有与战后国家》，社会评论社2011年。
[日]小出裕章:《被隐藏的原子能：核的真实情况》，创史社2010年。
[日]有马哲夫:《核电·正力·CIA》，新潮社2008。
[日]朝日新闻社特别报道组:《普罗米修斯的咒骂》1-7，讲谈社2013年。
[日]佐野真一:《巨怪传》，文春文库2000年。

杂志文章

[日]春名干男:《从核弹到核电》，《世界》2011年6月号。

[日]高桥博子:《公文书揭露的美国核战略的深层》,《周刊朝日》2011年9月2日号。
[日]黑崎辉:《美国推动原子能和平利用战略》,《外交》2011年7月号。
[日]桔川武郎:《"国策民营"方式的光与影》,《外交》2011年7月号。
[日]铃木达治郎、武田徹、水野伦之:《日本人如何谈论核》,《外交》2011年7月号。
[日]神保太郎:《媒体批评》连载,《世界》杂志2011年7月号。
[日]特集:《如何报道311》,《新闻研究》2011年6月号。
[日]特集:《311三周年》,《AERA》2014年3月17日号。
[日]太田昌克:《首待解决的剩余钚问题》,《外交》2013年3月号。
[日]田中利幸:《原子能和平利用与广岛——被作为宣传工作目标的受爆者》,《世界》2011年8月号。
[日]中村埝:《电力业界要求实行核电企业优惠政策》,《东洋经济》2014年10月2日号。

报纸连载

《东京新闻》连载《日美同盟与核电》,2012年。
《福岛民报》连载《与放射能的斗争》,2013年。
共同社连载《创造日本:核电与国家》,2011年。
共同社连载:太田昌克《核时代的死角》,2011年。
《每日新闻》连载:《这个国家与核电》,2012年。
《每日新闻》连载:《虚幻的环》,2013年。
《赤旗》连载:《核电与日美关系》,2011年。

网站及网页

东京电力公司网站:http://www.tepco.co.jp。
河野太郎个人网页:http://www.taro.org/。
菅直人个人网页:http://ameblo.jp/n-kan-blog/。

日本经济产业省网站：
http://www.meti.go.jp/earthquake/index.html。
“首都圈反核电连合”网站：http:// coalitionagainstnukes.jp。
小出裕章广播网站：http://www.rafjp.org/koidejournal/。
岩上安身新闻网站：http://iwj.co.jp/wj/open/archives/124251

二、中文文献

著作

刘世龙：《美日关系 1791-2001》，世界知识出版社 2003 年。
[日] 中曾根康弘：《政治与人生》，王晓梅译，东方出版社 2008 年。
[日] 寺岛实郎：《日本再生》，王慧娥译，上奇时代 2013 年。

文章

崔保国、王众一、金赢：《日本媒体为何右倾化》，《世界知识》2014 年第 5 期。
崔丕：《美日对中国研制核武器的认识和对策》，《世界历史》2013 年第 2 期。
（美）彼得 · 库茨尼克：《日本核企图的威胁性》，《人民日报》（国际论坛）2014 年 3 月 14 日。
冯昭奎：《试论日本核电技术发展》，《日本学刊》2014 年第 4 期。
黄大慧：《论日本的无核化政策》，《国际政治研究》2006 年第 1 期。
刘建平：《从广岛到福岛：日本核灾难的历史学、传播学与政治学》，开放时代杂志 2012 年第 8 期。
刘柠：《且看日本官僚“下凡”》，《郑州晚报》2009 年 10 月 24 日。
夏立平：《论日本核政策的走向和影响》，《国际观察》2008 年第 4 期。
金赢：《从 311 看当代日本社会管理机制》，《日本学刊》2011 年第 4 期。
金赢：《关涉国计民生的战略行业须由国家严格掌控》，《红旗文稿》2011

年第 13 期。
金赢:《311 核事故与日本新闻媒体》,《日本蓝皮书 2012》,社会科学出版社 2012 年。
金赢:《福岛才是亚太最需关注之岛》,《环球时报》2012 年 8 月 27 日。
金赢:《后 311 时代日本的舆论与政治》,《日本蓝皮书 2013》,社会科学出版社 2013 年。
金赢、陈桐花:《福岛核事故的现状与未来挑战》,《日本蓝皮书 2014》,社会科学出版社 2014 年。
金赢:《东京奥运光环下的福岛阴影》,《世界知识》2013 年第 19 期。
金赢:《美国讨债曝光日本核密室》,《环球时报》2014 年 1 月 29 日。
金赢:《日本正加速滑入核灾深渊》,《环球时报》2014 年 2 月 12 日。
金赢:《透视日本核密室三部曲》,《世界知识》2014 年第 5 期。
金赢:《美国勒紧日本核缰绳》,《环球》2014 年第 7 期。
孙冉:《日本从"脱核"到"减核"能源政策改革难实现》,中新社东京 2011 年 7 月 30 日电。
孙学智:《日本为什么不能没有核电》,《中国环境报》2014 年 7 月 24 日。
田泓:《日本政治献金"买"来电力垄断》,《人民日报》2014 年 7 月 29 日 21 版。
王选、离原:《日本核灾难真相:谎言与自负》(《60 年阴影与躁动:日本核电大跃进》),《看天下》2012 年 4 月 1 日号,总第 203 期。
杨益:《日本离核弹头 一把螺丝刀的距离》,《北京晚报》2014 年 6 月 17 日。
徐万胜:《日本核政策动向》,《现代国际关系》2008 年第 4 期。
谢宗睿:《"3 · 11"地震千日祭 灾民返乡梦难圆》,《光明日报》2013 年 12 月 6 日 8 版。
张国良、赵日迪:《可圈可点,但并非无懈可击——来自"3 · 11"大地震中日本媒体表现的实证研究》,《中国社会科学报》2011 年 6 月 27 日。

参考报刊及网站

《日本学刊》《世界知识》《中国日报》《光明日报》《环球时报》《参考消息》《新华文摘》，以及中国新闻网、新华网、人民网等。

三、英文文献

Yoichi Funabashi(船 桥 洋 一), *My Findings in the Existential Fallout from Fukushima* (《福岛目前的核辐射之我见》，见 2012 年 3 月 19 日英国《金融时报》网站。

美国有线电视新闻网 www.cnn.com 对福岛核事故的相关报道。

代后记

福岛才是亚太最需关注之岛

自按：下面是我2012年8月27日发表在《环球时报》的一篇文章，用在这里权充后记。这样做有两个原因，一是“核灾”这个话题实在沉重，本书前后写了近4年，中间多次想放弃，总算坚持到需要写几句话作为后记时，真的感到心力交瘁。二是自认为这篇东西可以当作后记，能够说明本书写作的主旨，其中表达的意思至今也没有什么改变，只是所反映的福岛核灾状况不但没有多少改善反而还在进一步恶化。

近来，国际传媒和日本国内发布的一系列消息表明，去年“311”核泄漏导致的严重生态危机，仍然像幽灵一样在日本徘徊，而且正威胁着周边国家和整个太平洋。

蝴蝶基因突变。8月中旬，BBC和法新社先后报道，日本琉球大学研究人员发现，福岛县的蝴蝶出现包括翅膀变小、眼睛受损等严重基因突变现象。日本科学家说，“我们得出肯定的结论，福岛第一核电站的泄漏损伤了蝴蝶基因。”

惊现钚–238。8月21日，日本文部科学省说，对福岛核泄漏事故现场周边半径100公里范围内进行调查，在10个地点发现了钚–238。科学家说，钚–238比核武器中使用的钚–239

更具放射性，可致癌。

核污染在“增浓”，鱼体含放射性铯超标258倍。今年3月，日本水产厅检测福岛核泄漏事故现场半径20公里海域鱼体的放射性铯活度，当时的最高纪录是每千克鱼含1.87万贝克勒尔。8月21日，日本东京电力公司从相同范围海域捕获的大泷六线鱼体内，检测出每千克鱼含2.58万贝克勒尔的放射性铯，创下了“311”核泄漏事故以来的新高。这是日本政府规定的每千克100贝克勒尔的食品标准值的258倍，食用1千克这种鱼，相当于遭到约0.4毫希沃特的体内辐射。去年处理核泄漏事故时，东京电力公司曾将数以十万吨计的核污水直接倾入大海，当时除了说“事态紧急、迫不得已”外，还有一种解释是说浩瀚的海洋可以“稀释”核污染水，但现在看来，污染不但没有“稀释”反而在继续大幅度“增浓”。此外，在相同海域采集的19种鱼类、贝类，有9种检测出放射性铯超标。同时，在枥木县矢板市出产的牛肉中，检测出每千克130贝克勒尔的放射性铯，并发现牧草饲料中的放射性铯也大幅超标，枥木县政府已要求农户不再出售这种牛肉。

十多个都道府县检测出放射性大气污染。日本文部科学省7月24日发布消息说，福岛发生核泄漏事故后，除福岛和宫城两县外，东京、岩手、秋田、山形、茨城、枥木、群马、埼玉、千叶、神奈川等10个都道府县在大气中检测出了放射性物质锶-90。科学家指出，锶-90的半衰期长约30年，容易积存在人体骨骼中，增加罹患骨癌或白血病的风险。

核泄漏抢险工作人员接连死亡。日本东京电力公司8月21日宣布，执行福岛第一核电站抢险工作的一名57岁男性当天昏倒，并于下午死亡，这是在抢险现场丧生的第5名工作人员。

大量海啸垃圾飘到北美。日本新闻网8月5日报道，“311”地震海啸产生了至少480万吨海上垃圾，其中三分之一的垃圾随海流飘向北美。一年多来，包括渔船、房屋、机动车、集装箱、浮桥残骸在内的大量漂浮垃圾陆续抵达美加西海岸。6月的一天，美国俄勒冈州纽堡特市居民吃惊地发现，海岸上赫然“停靠”了一个20多米长、两三人高的平台状钢筋水泥庞然大物，仔细察看上面的日语标牌，才知道是“311”海啸时卷入大海的一个日本码头平台……

上述事例最近还有很多。蝴蝶是一种对环境变化非常敏感的生物，因此经常被作为“环境指标物”。日本科学家已确定，福岛核泄漏正是这次日本蝴蝶基因突变的原因。过去提及福岛核泄漏物质，我们听到的主要是放射性铯和锶-90，而现在又有了致癌放射性更强的钚-238。而且，被污染的不仅是水里的鱼，还有陆地上的牛；不仅是食物，还有大气；范围也不只限于福岛核泄漏周围的20公里“禁区”，而是包括东京在内的10个地区。所有这些事实都表明，“311”福岛核泄漏导致的生态危机不仅没有缓解，反而正在进一步发酵和扩大。

我们只有一个地球，只有一个太平洋。面对日本福岛核泄漏引发的生态危机，全世界特别是亚太国家应该立即行动起来，想方设法控制危害的蔓延和扩大。目前，东北亚的“岛争”正愈演愈烈，从官方到民间，中日、日韩、日俄陷入了一轮又一轮的外交和舆论争执，高喊着“重返亚太”的美国，当然又是不甘寂寞，时不时为这个“背书”、对那个“警告”，事态的发展似乎到了有些难以把控的地步。

但是，所有这些争执与福岛核泄漏危机比起来，都应该不在话下。蝴蝶的基因已经在突变，那么人类的基因就能幸免吗？中国、俄罗斯、韩国在核电的开发应用上都具有先进技术和经验，这个时候应当尽最大可能为日本控制核泄漏危害提供支持，因为彼此一衣带水、近在咫尺。日本更应该责无旁贷地承担起对自己的国民、对邻国和全人类的生态责任，更加及时透明地公开核泄漏危害的演变情况，敞开胸怀接受国际组织和国际社会的帮助。即使远在太平洋彼岸的美国，也不要再忙着在日本部署什么新的空海一体战武器和预警系统了，那些东西对避免福岛成为第二个切尔诺贝利没有任何帮助。须知，几十吨重的船码头都能飘到俄勒冈州的海岸，那些每千克体重含2.58万贝克勒尔放射性铯的鱼，更有可能游到美国消费者的餐桌上去。

对于福岛这个当前东亚乃至太平洋地区最需要关注之“岛”的态度，已成为考验谁才是真正“负责任国家”的重要试金石。亚太各国的人们在拭目以待，人类的历史在拭目以待。

致 谢

衷心感谢我所在单位的师长、领导和同事，感谢自己在国际问题研究领域的许多师友，特别是陈桐花博士，她对本书的写作提供了宝贵的帮助。她对本书第二章第二节的“赔偿诉讼”部分提出了宝贵意见。感谢出版社的领导和编辑，没有他们的指导、鼓励和帮助，这项工作根本就不可能。还要感谢我的家人特别是我的女儿，谢谢她经常分担我写作中的沮丧和焦虑，她对人类遭遇灾难表现出的纯真关怀成为我在海量信息中翻查灾情、分析原由、坚持写作的最大动力。当然，书中一切纰漏和不足都是我自己的责任，敬请读者大家批评指正，以在后续研究中修改完善。

金　赢

2015 年 3 月

图书在版编目（CIP）数据

日本："核"去"核"从 / 金嬴著. —北京：外文出版社，2015
ISBN 978-7-119-09444-1
Ⅰ. ①日… Ⅱ. ①金… Ⅲ. ①核能—能源政策—研究—日本 Ⅳ.F431.362
中国版本图书馆CIP数据核字(2015)第081488号

责任编辑：杨　璐
装帧设计：设计 · 邱特聪
印刷监制：冯　浩

日本："核"去"核"从

金嬴　著

出 版 人：徐　步
出版发行：外文出版社有限责任公司
地　　址：北京市西城区百万庄大街24号　　邮政编码：100037
网　　址：http://www.flp.com.cn　　电子邮箱：flp@cipg.org.cn
电　　话：008610-68320579（总编室）　　008610-68996094（编辑部）
　　　　　008610-68995852（发行部）　　008610-68996183（投稿电话）
印　　刷：北京蓝空印刷厂
经　　销：新华书店/外文书店
开　　本：787 × 1092mm　1/16
版　　次：2015年5月第1版第1次印刷
字　　数：150千字
书　　号：ISBN 978-7-119-09444-1
定　　价：32.00元